まんがでわかる

とことん優しい人はうまくいく

いい人で損しない3つの原則

監修
廣池慶一

作画
守屋明朱香

はじめに

あなたは、職場の人間関係でこんなふうに感じたことはありませんか？

「いつも自分ばかり損な役回りだ」
「周りに気をつかいすぎて、本当の自分が分からない」
「いい人を演じるのはもう疲れた」

もし1つでも当てはまるなら、あなたは「いい人」に関する3つの誤解をしている可能性が高いです。

誤解その1　「相手に合わせることが、円滑なコミュニケーションだ」と思い込んでいませんか？
誤解その2　「ノーと言わないことが、優しさだ」と思い込んでいませんか？

誤解その3　「周りの期待に応《こた》える人が、いい人だ」と思い込んでいませんか？

こうした誤った考え方が、あなた自身を苦しめている原因かもしれません。

しかし、安心してください。あなたは決して1人ではありません。

この本を手にしたあなたは、きっと優しい人なのでしょう。そして、心優しいがゆえに損をしている側の人なのだと思います。

かつての私自身もそうでした。

数年前までの新聞記者時代は、人間関係で本当に苦労しました。

仕事柄、勤務時間が長く不規則で、昼夜関係なく取材に走り回らないといけません。周りのペースに合わせながら、締め切りに追われ続ける毎日。日々、何かしらのストレスを抱えながら仕事をしていました。

心に余裕がなくなると、人間関係がギスギスしだすのは誰でも同じです。原稿の内容をめぐり上司と衝突したり、同僚と手柄争いをしたり……。いい仕事をしたいのにできない、もがくほど状況が悪くなる負のループに陥ったことが何度もありました。

後輩への指導もそうです。口を出したほうがいいのか、見守るのがいいのか、見極めが難しいですよね。厚意のつもりで経験則で助言したところ、後輩に「自分の努力が否定された」と受け取られてしまい、迷惑がられたこともありました。

——優しくしたってなんの見返りもない。

——自分だけが損ばかりしていないか。

いっそのこと「いい人」なんてめざすのをやめようか。でも、それもそれで本当の自分の生き方ではない気もする。いったいどうしたら……。

葛藤の毎日でした。

そんな苦しみの中で、私は「本当の優しさ」とは何かを考え抜きました。結局のところ、相手の考えや行動をこちらの思い通りに変えることは至難の業《わざ》。コントロールできるのは自分自身しかいません。ただ、人間はそう簡単には変われない。筋トレで体を鍛えるように、心を育てていくことが鍵となる——。

では、どう心を鍛えたらいいのか。ある3つの原則にたどり着いたのです。

この考えの根底には、私の高祖父《こうそふ》である廣池千九郎（法学博士、1866〜1938）が提唱した総合人間学「モラロジー（道徳科学）」の思想があります。

廣池は、道徳と経済を一体ととらえる「道経一体思想」を唱え、道徳的な人間関係が、個人の幸福と社会の繁栄に不可欠であると説きました。

そして、その思想の特徴の1つに「自分よし、相手よし、第三者よし」という「三方よし」の考え方があります。これは、自分だけでなく、相手や周囲の人々も幸せになるような行動を重視するというものです。

正直、高祖父の思想は昭和の時代のものであり、現代の課題に役立つものは少ないのだろうとどこかで思い込んでいた私がいました。

ところが、その思想と行動の原則を実践することで、ギスギスしていた人間関係の悩みはスッと消えていき、仕事がうまく回り始めたのです。上司や同僚との関係も改善し、後輩の育成もスムーズに進むようになりました。

この本では、「損するいい人」を卒業して「本当の優しさ」を身につける具体的なメソッドを紹介しています。

私のように回り道をしなくても、廣池千九郎がモラロジーを提唱してから100年にわたる人間学の研究に基づき導き出された、「とことん優しい人」に最短距離でたどり着けるガイドだと思ってください。ストレスフルな毎日も、このガイドを携えて進めば心は軽く、その先には円満な人間関係、仕事の充実、より良い人生が待っているでしょう。

〝優しい人がたくさんの幸せを手にできる〟そんな社会の実現をめざしながら、ページを進めていくことにします。

さあ、あなたもこの本を読んで、「いい人疲れ」から卒業し、人生が好循環する、とことん優しい生き方を手にしてみませんか。

廣池慶一

まんがでわかる　とことん優しい人はうまくいく　目次

第2章 自己中心を弱める「利他の原則」

第3章 好循環を回す「反省の原則」

第4章 利他へ動機づける「感謝の原則」

主な登場人物

レイコ

バー「ピエタ」のママ。取材に訪れた愛に「3つの原則」を教える。その慈悲深さからか、艶っぽさからなのか、一度会うとクセになるとうわさである。

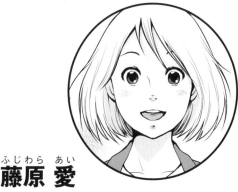

藤原《ふじわら》 愛《あい》

本書の主人公。月刊『ライフラボ』の編集リーダーを務めている。仕事も子育てもそつなくこなしているように見られがちだが、わが道をゆく一面もあり、周りと衝突することも。

梅村《うめむら》 果《か》報《ほ》

愛と一緒に『ライフラボ』の編集をしている、愛が最も頼りにしている後輩。新婚なのに多忙なためプライベートの時間がとれずに悩んでいる。

前田《まえだ》 心之介《しんのすけ》

愛と同期入社のカメラマンで、愛の良き相談相手。大ざっぱそうに見えて、意外と周囲に気を配るタイプ。好きなお酒はブラジルのピンガ。

渡辺《わたなべ》 律《りつ》

入社2年目の愛の後輩。オープンな性格だが、大学時代は未知の感染症により授業がほぼオンラインだったせいか、コミュニケーションに不安がある。

第1章

優しさのメカニズム

まんがでわかる

とことん優しい人はうまくいく

いい人で損しない3つの原則

story1　誰のため？

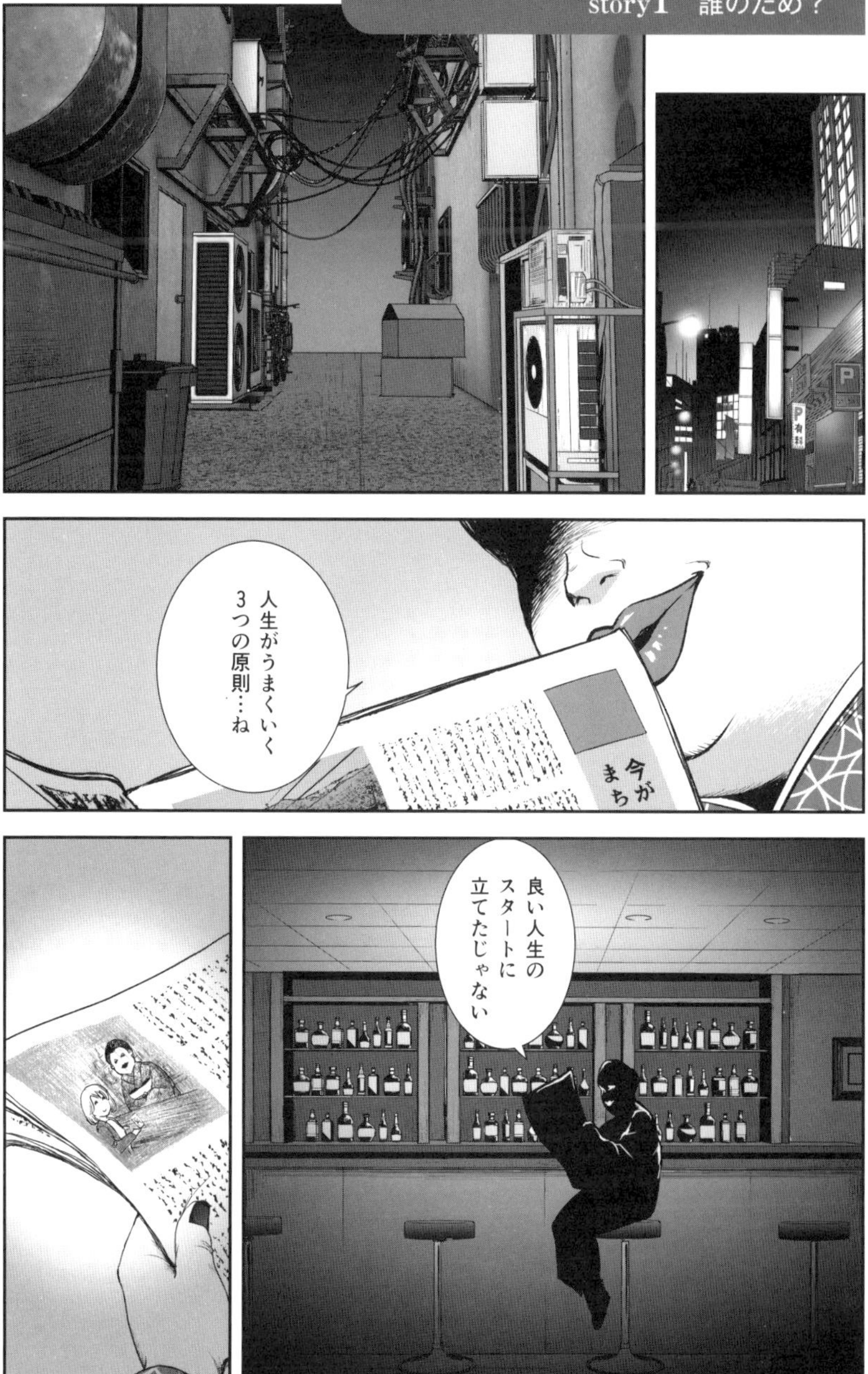

人生がうまくいく3つの原則…ね
良い人生のスタートに立てたじゃない

『ライフラボ』連載企画会議
では 次の連載は 藤原さんの新企画「慕われるあの人」で決まりだ
記者体験ルポってのもいいだろう 早速取材のほう進めてくれ
はいっ
月刊『ライフラボ』
編集リーダー 藤原《ふじわら》 愛《あい》
先輩 やりましたね
ありがとう!
バズったら寿司おごってやるぞ
絶対ですよ!!
一万円以内にしてくれよ~
念願だった企画が通った…!
あはは
ははは

月刊『ライフラボ』
地域に密着した情報を発信するこのタブロイド紙で
ライフラボ
今が旬 まちのグルメスポット
今回新たに「慕われるあの人」の連載が決まった
『ライフラボ』編集部
街の密かな人気者を特集するこの新企画
配属7年目の私は企画を立ち上げたチームリーダーだ
いや〜今回のあの人熱いっすねー
知る人ぞ知る隠れ家バー「ピエタ」

ママの人生相談が大人気で
編集2年目
後輩 渡辺《わたなべ》律《りつ》
なかなか予約がとれないらしいっすね
会うとなぜかうまいこといくって聞くし
一度会うとクセになるらしいのよ
「街のパワースポット」かぁ
俺も行ってみたいなー
でしょー?
私の悩みも聞いてもらっちゃうんだー
ムッ
あ、先輩
お酒好きでも取材中はダメっすよ
当たり前でしょっ
カッ
私が立ち上げた企画なんだから
絶対に話題にさせるわよっ
取材は3日後っ
気合入れて準備するわよっ
ガッ

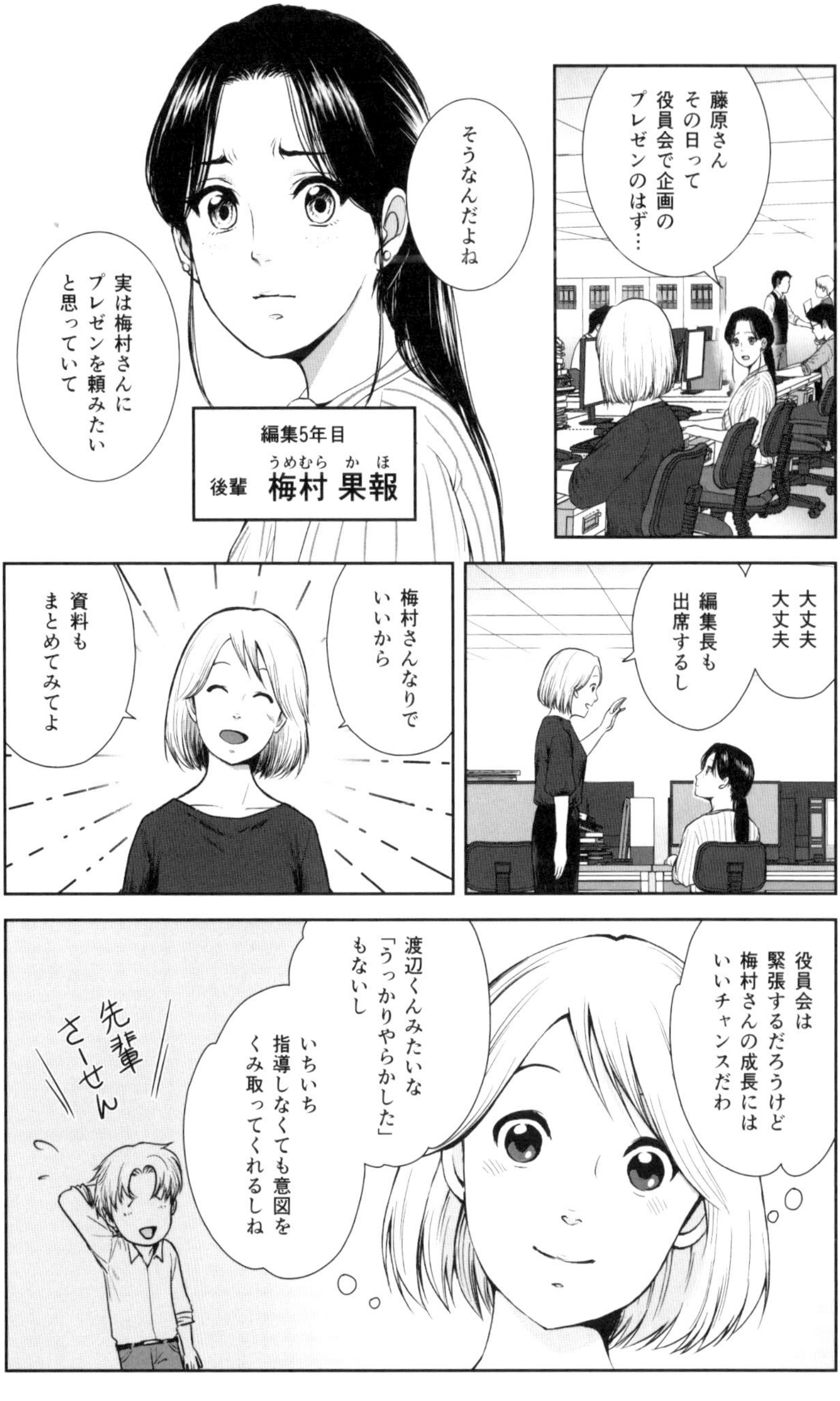
藤原さん その日って 役員会で企画の プレゼンのはず…
そうなんだよね
実は梅村さんに プレゼンを頼みたい と思っていて
編集5年目
後輩 梅村《うめむら》 果報《かほ》
大丈夫 大丈夫
編集長も 出席するし
梅村さんなりで いいから
資料も まとめてみてよ
役員会は 緊張するだろうけど 梅村さんの成長には いいチャンスだわ
渡辺くんみたいな 「うっかりやらかした」 もないし
いちいち 指導しなくても意図を くみ取ってくれるしね
先輩 さーせん

えっ…でも
役員会なんて
出たことないですし
どんなふうに
プレゼンしたら
いいかっ…
ガタッ
藤原さんが
考えていることも
ちゃんと
説明して
いただか
ないと…
プルル…
愛さん
電話っすよー
後で
資料渡すねっ
読んでくれれば
分かるからっ
今出まーす

お待たせしましたー
取材当日
タタタ…
ごめーんっ
タタ…

お～ やっと来たか
カメラマン
前田《まえだ》 心之介《しんのすけ》
頼むよ 愛ちゃんさぁ～
ギリギリ なんて 珍しいな
何か あったか？
…
ちょっと ね…
なんでもない 早く入ろう
時間だし
PIETA
ピエタ… しゃれた 名前だよな
PIETA

ギィイ…
こんにちはぁ
いらっしゃい
バー「ピエタ」
ママ　レイコ
オーラがすごい！

お水
どうぞ
とっておきのウイスキーもあるわよ
いかが？
つ、遠慮しておきます
取材のご協力ありがとうございます
レイコママに会うとなぜかうまいこといくって密かに話題なんです
ずばりその秘訣は？
間違いなく話題になりますっ
はあ〜
みんな残念なのよねぇ

みんな 良いことをして 損しているのよね
損する 良いこと?
それって どういうこと ですか?
善因善果 良い行いには 良い報いがある
普通は そう思うわね
努力は 報われる…と
努力して 良いことをして 報われないなんて おかしいわよ…
何か 言いたげね?
実は…

—1時間前
辞めたい!?
はい すみません 取材の前に…
いきなり どうして!?
結婚後も 仕事続けるんじゃ なかったの!?
ずっと 考えてはいた んですけど
言い出す タイミングが なくて…
新企画が 走り出したので
抜けられなく なる前にお伝え しなきゃって…
毎月締め切りに 追われて 家庭の時間を 削ってまで仕事 したくないんです
私は 藤原さんみたいに なれないです

大切な後輩として育ててきたのに！
スキルアップを望んでいたんじゃないの？
忙しいときはフォローしてあげたし
梅村さんのためを思って良いことをたくさんしてあげたのに！
あれだけ相談に乗ってあげたし期待して仕事も任せたっ
ドンッ
あの子のために予定を犠牲にしたし言いたいことも我慢してきたのにっ
こんなの納得できないっ
ずいぶん厚かましいわね
え？

あなたは自分にとって都合がいい自己中心の優しいことをしたのよ
ははっ こりゃ手厳しい
なっ…
なんでですか!? 問題があるのは彼女のほうじゃないですかっ
私はこんなに頑張ったのにっ
優しくしたのに相手が感謝してくれない
相手が自分の期待通りに動かなかったとたん手のひらを返す
良いことをしているのにどうしてうまくいかないの?って思っているでしょう?

あなただって
仕事も家庭も
ある中で
上司として
努力したのよね
そうですね…
コク…
良い部下に
育って
もらわなきゃ…
良いチームにするために
頑張らなきゃと
思っているんです
私だって
楽しているわけじゃ
ないんです

虚しくもなるんです…
どうして私ばっかり
頑張らなきゃ
いけないのって
私だけが
損してる！
…ねえ
良いことをしたかより
どんな〃心〃で
したかのほうが
ずっと大切なのよ
不満も不安も
その〃心〃を働かせると
決めたのは
あなた自身よ

私の思い込みで
アドバイスをして
いろいろ任せて
良い上司ぶって
いたけれど…
梅村さんは
どうしたかった…？
良いことをしている
と思っていたけれど
梅村さんのことを
苦しめていたの…？

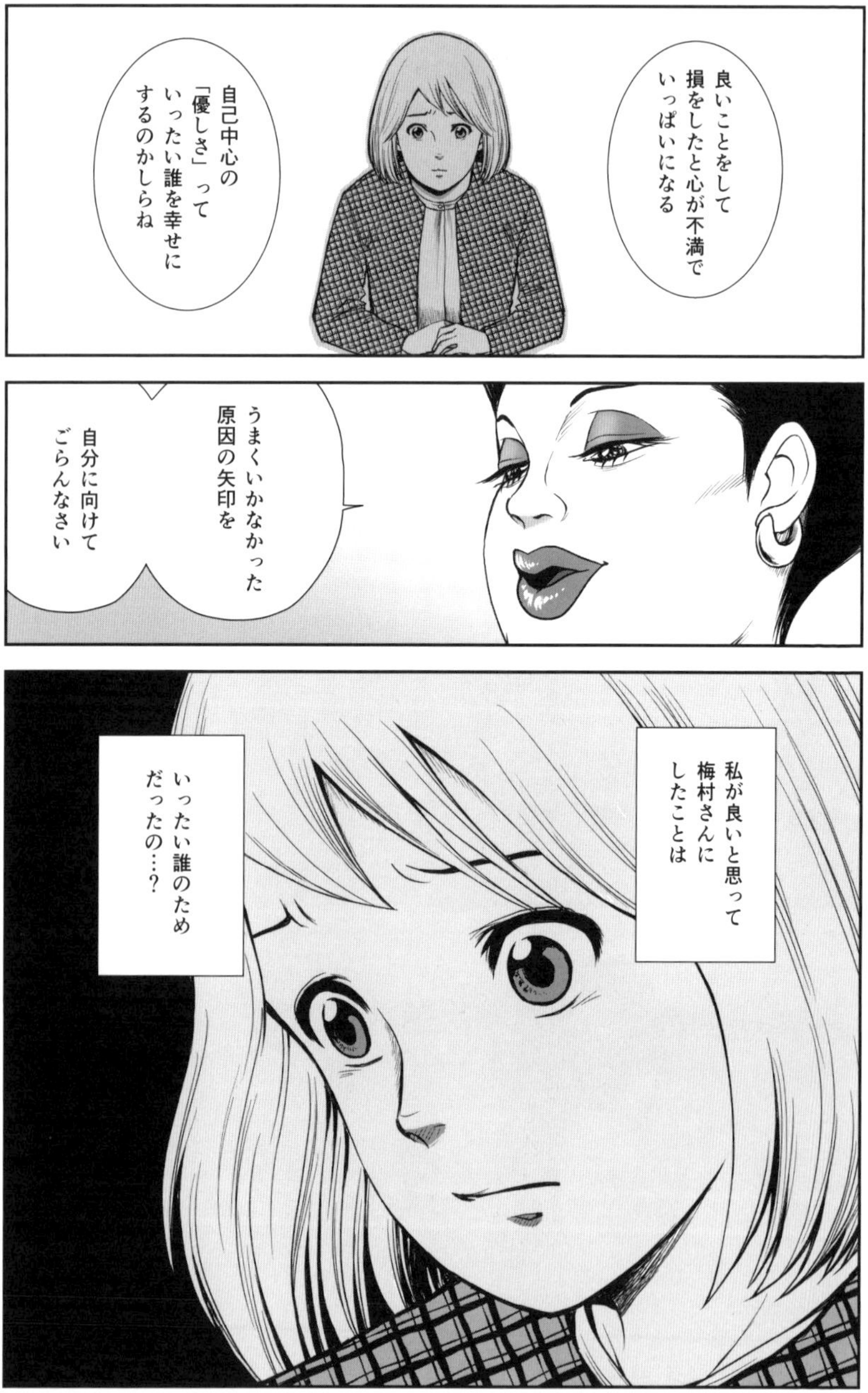
良いことをして損をしたと心が不満でいっぱいになる
自己中心の「優しさ」っていったい誰を幸せにするのかしらね
うまくいかなかった原因の矢印を自分に向けてごらんなさい
私が良いと思って梅村さんにしたことは
いったい誰のためだったの…?

それは本当の優しさですか？

優しさとはなんでしょうか？
優しい人ってどんな人でしょうか？

こんな質問に即答できる人は少ないかもしれません。それは、私たちが思い描く優しさは、漠然としていることが多いからです。
少し頭の体操をしてみましょう。あなたがイメージする優しさ、優しい人を言葉にしてみてください。

優しさとは　　　　　　だ。
優しい人とは　　　　　な人だ。

肯定すること、寄り添うこと、穏やかな声とまなざし、誰に対しても謙虚な人、嫌《いや》な顔をせずになんでも引き受けてくれる人、叱らない人、あえて厳しくしてくれる人……。さまざまな答えがあると思いますが、優しい人を思い浮かべるとき、嫌な気持ちになる人はいないでしょう。優しくしてもらえたらうれしいですし、そんな人に自分もなりたいと憧れを抱《いだ》いたり、優しい人と一緒にいると安心して自分をさらけ出せたりしないでしょうか。

優しさ＝良いことだと認識している人は多いはずです。もし、優しくない人になりたいなんて人がいたとしたら、かなりレアケースでしょう。どちらかといえば優しい人のほうが慕《した》われ、信頼され、モテて、なんだかゆとりもあって、人生がうまくいきそうだと私たちは考えます。

ところが、周りを見回してみてください。優しくて良い人といわれている人が順風《じゅんぷう》満帆《まんぱん》な人生を歩んでいるかというと、必ずしもそうではありません。

仕事はできる良い人なのに人が寄りつかない、優しいけれど都合が良いだけの人、「いいよ、いいよ」と優しくなんでも引き受けて一人で負担を抱えている人、押しつけがましい親切で煙たがられる人……。良かれと思って助けたつもりが相手のプライドを傷つけていた、部下のわがままを「仕方がない」と叱れずにいたら、取り返しがつかないことになっていた……。

そんな、優しくしたつもりなのにうまくいかなかった経験があなた自身にもないでしょうか。

誰が見ても優しくない人や冷たい人は論外ですが、「ごく普通に優しい人」が思ったほど「うまくいかない」のはなぜなのでしょう。

優しさの正体は「甘さ」だった

ごく普通に優しい人がうまくいかない理由、それは優しさを間違って理解しているからです。私たちが優しさと考えているものの正体、それは「甘さ」です。

優しさとは相手に思いやりを形にして示すことである、という理解は正しいのですが、問題は言葉や行動の形さえそれっぽくできていれば良いと思い込んでいる人がとても多いという点です。

優しい人がうまくいかない最大の理由は、目に見える言葉や行動を飾るだけで、その裏にある、なぜそうするのかという「動機」、何を達成したいのかという「目的」に無自覚、無頓着だからです。

例えば、1年間で200万円貯金したいと考え、なんとか頑張って達成できたとしましょう。ただその結果、家庭内がギスギスする、ストレスも多く体調が悪いという状態だったとしたらどうでしょうか。本当は家族と一緒に過ごす時間を作るための貯金だったのに、知らず知らずのうちに動機や目的を間違って設定してしまっていたために、目標は達成したのに幸せじゃない……。ここまで極端でないにしても、行動の結果、思い描いた状態にならなかったという経験がある人もいるでしょう。

努力しているのに喜ばれない、頑張っているのに結果がついてこないという場合は、動機や目的の設定に間違いがあり、ただの甘い人になっている場合があります。見せかけで

あなたはどちらですか？

	優しさ	甘さ
定義	相手の成長や幸福を願い、行動を起こすこと	相手の機嫌や自分の立場のためにその場を収めること
目的	相手の成長と幸福	自分が嫌われなければいい その場しのぎ
行動基準	相手の長期的な利益	自分の感情、場の空気
結果	相手の成長を助け、信頼関係を築く	短期的には喜ばれるが、長期的には悪影響
具体例	あえて挑戦させる 成長を見守る	相手の言いなり 都合の悪いことは見ないふり

はない優しい人になるなら、目に見える行動（形）だけではなく、動機や目的といった目に見えない内面をセットで考える必要があるのです。

では「誤解の優しさ」、つまり甘さについて考えてみましょう。

甘さとは、自分自身の立場や都合、相手の機嫌《きげん》を優先させる行動を指します。相手の気分を害さないことを優先したり、短いスパンで見れば相手に喜ばれても、長いスパンで見ると相手の成長を妨《さまた》げてしまったりする行動も甘さです。自分が好きか嫌いか、快か不快かを軸に物事を選択するのも、自分への甘さからです。

それに対して、本当の「優しさ」とは、「相手の成長や幸福を願い、そのために具体的な行動を起こすこと」を指します。

この本では、**甘い人とは違う本当に優しい人を「とことん優しい人」**と呼びます。

一生懸命に間違った努力を重ねている

ここからは主人公の藤原愛《ふじわらあい》さんが直面した葛藤を見ていきましょう。

愛さんは、子育てをしながらてきぱきと仕事をこなし、後輩への気づかいもできる優しくて良い人。ときには自分の時間を犠牲にして仲間を助けることも苦としません。

そんな性格の愛さんは、出版社で月刊紙の編集リーダーとしてチームを引っ張っていました。

ところがある日突然、愛さんが特に目をかけて育てていた部下の梅村果報《うめむらかほ》さんから「退職する」と告げられます。

突然の退職宣言に戸惑っていた愛さんですが、しばらくして湧《わ》いてきたのは果報さんを責める思いでした。自分の仕事を後回しにしてサポートしたこと、ミスをした日には慰めたこと、家族の予定を変更して仕事を代わったこと、果報さんのために選択した良い行動のすべてが無駄だったように感じられてショックを受けたのです。ショックはだんだんと「あんなに優しくしてあげたのに」「私だけが犠牲になった」という果報さんを責める気持ちに変わっていきました。

ここでいったん、良い行動の定義を確認しておきましょう。

良い行動には大きく分けて2つあります。

1つ目は、いわゆる学校で学ぶ道徳や社会人としての礼儀作法など、社会において善悪の基準となり、秩序を守るために欠かせないもの。挨拶《あいさつ》や敬語、食事のマナーや身だしなみ、公共の場のルールを守ることなどです。

もう1つが、マナーやルールとは違い、やらなくても誰かを不快にしたり罰せられたりすることはありませんが、人や社会の幸せにつながる自発的な思いやりや助け合いの行動です。

自発的な思いやりの行動は、程度の差こそあるものの多くの人が行っていますし、良い人間関係を築く上で欠かせないものです。愛さんが行った良い行動も後者にあたります。

しかし、愛さんの考え方に間違いがあったことで、人間関係がうまくいかなくなってしまいました。間違った考えを基に間違った努力を一生懸命重ねた結果、部下の反発や退職という、なんだか自分だけが損をしたような、望まない結果が生じてしまったのです。

自覚がなくても心は働いている

注目したいのは、愛さんが良い行動をしたときの心の働きです。

期待していた反応が得られなかったために相手を責める気持ちが湧いてきた愛さん。そこには、相手にメリットがあることをしたら応《こた》えてくれて当然、相手から見返りがあって当然という「求める心」が見え隠れしませんか？

ここでいう「心」とは、単なる思考や一時的な感情ではなく、価値観や信念、道徳観などの要素を含めた、その人の人格を形づくる核となる部分だと考えてください。

「ピエタ」のレイコママが、愛さんの優しさは「自己中心の優しさ」だと指摘しました。それは愛さんの行動には、部下の成長を考える心よりも、自分が評価されたい、自分が楽をしたいといった自己中心の心が多く働いていたことを教えています。

愛さんがそうだったように、私たちは**自覚なく自己中心の心を働かせている場合がほとんど**で、さらに、自分の心がどのように働いているかを強く意識することはありません。他人に親切にすること、間違えたら謝ること、何かしてもらったら感謝すること――。幼いころから学校や家庭で、道徳的な行動、良い行動をたくさん教えられてきたはずです。そして、漠然とそれらは良い行動だと思い込んでいますが、そのときの「心の働かせ方」を意識したことはあるでしょうか。

心の働かせ方は大きく2つに分かれます。

- **自己中心**
- **相手優先**

心づかいという言葉が配慮や気配りといったプラスの意味を持つように、良いことをしているときは心もプラスに働くものだと考える人もいるでしょう。だからこそ、心が自己中心に働いていても、そのことに気づかない人が多いのです。

良い行動をするときに「自分さえ良ければ」「自分にとって損か得か」という自己中心の心が働けば、その行動は自己満足にすぎません。独《ひと》り善《よ》がりで、相手にとっては押しつけやありがた迷惑になりかねません。

私たちは目に見える形や行動に気をとられがちですが、大事なのはその根底にある「どのような心を働かせるか」なのです。

自己中心の心から相手優先の心へ

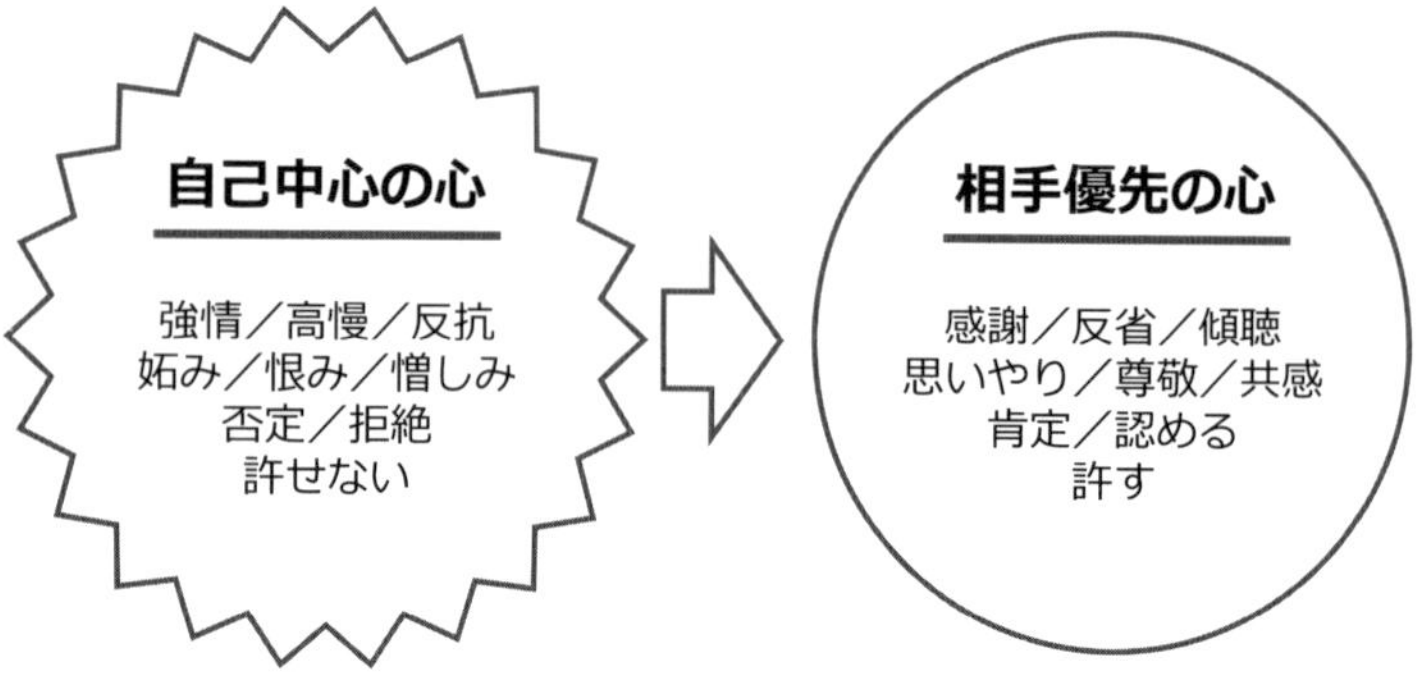

心の3つの特徴

残念ながら、心の働かせ方は技術のように一度習得すれば忘れないものではありません。

なぜなら、心には次の3つの特徴があるからです。

- **流されやすい**
- **波がある**
- **育てられる**

1つ目の特徴は心は自分にとって楽なほう、好きなほう、得なほうに「流されやすい」ことです。

自己中心の心と相手優先の心、人間はどちらの心を働かせることが多いかといえば、残念ながら圧倒的に自己中心の心が多いといえます。

相手の話を聞くよりも自分が話したいことを優先して話を遮《さえぎ》ってしまったり、何かトラブルがあっても悪いのは相手で自分は悪くないと責任転嫁《てんか》してしまったり。

2つ目の特徴は、心には「波がある」ということです。

仕事で余裕があるときは気持ちにも余裕があるけれど、忙しくなると自分のことばかりで周りを気づかえない。心や時間に余裕がある日は電車やバスで席を気持ち良く譲れるけれど、余裕がない日は前を歩く人にさえイライラする。毎日優しくできればいいのですが、そのときの気分や接する相手によっても心の働き方は変化します。

いつも相手優先で、穏やかで優しくいられるのが理想的ですが、現実にはそうはいきません。

ただし、これは心が1つであることも意味します。つまり、自己中心の心が働いているときは相手優先の心は働きにくく、相手優先の心が働いているときは自己中心の心は働きにくいということです。いろいろな心を持っていても、そのときの状態で働くのはどちらか1つだけなのです。

3つ目の特徴は、心は「育てられる」ということです。

心にはさまざまな経験を重ねたりするうちに容量が増える量的な側面と、相手優先の心を働かせるほどますますその心の働きに磨きがかかる質的な側面があります。

悪口を言ったりネガティブな心を働かせたりしがちな人は、特に要注意です。欠点を非難することが癖《くせ》になっているとその思考が次第に強化され、他人を非難することが日常になってしまいます。その思考が習慣となり、いつの間にか取れない染《し》みのように広がり、あなたという人を形づくっていることも……。

相手優先の心を一時的に働かせたからといって、急に四六時中相手ファーストの優しい人になれるわけではありません。しかし、詳しくは2章で説明しますが、いつも自己中心の心が働いてしまう人でも、変わりたいと思って行動すれば、心の容量がだんだんと増え、習慣的にプラスの心を働かせられるようになります。

目に見えない心の特徴や働かせ方について自覚して考える機会は少ないものですが、誰でも

心の３つの特徴

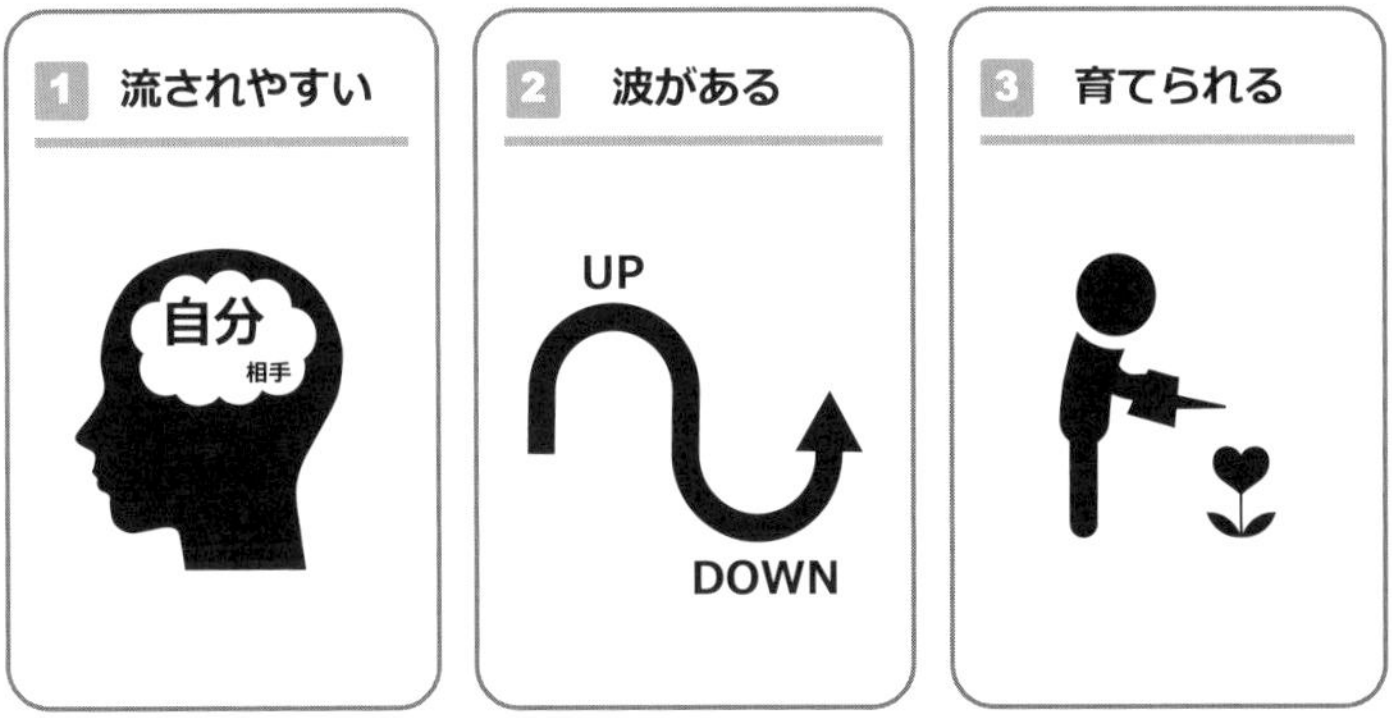

どこでも自由に働かせることができて、まったくお金をかけずに変えられるのが心です。思っている以上に人間の心には優《すぐ》れた特徴があり、強い力が備わっているのです。

誰でも一時的に良い心が働くことはありますが、疲れていて優しい気持ちになれないときや、気の合わない人を前にすればそっけない態度をとってしまうこともあるでしょう。

大切なのは、この3つの特徴を理解して、**良い心の働きを一時的ではなく習慣的なものにしていく**ことです。

●「とことん優しい人」の3つの原則

では、良い心を働かせ続け、「とことん優しい人」をめざすには、何をしたらいいのでしょう。

人生がうまくいく「とことん優しい人」になるために必要なのが、次の3つの原則です。

- **利他《りた》の原則**
- **反省の原則**
- **感謝の原則**

3つの原則はどれか1つを切り離して考えてもうまくいかず、**相互に関連し合って真価を発揮します**。1つの原則を大切にすればある程度の成果は期待できますが、他の2つをないがしろにすると、どこかで壁にぶつかります。なぜ3つの原則が大切なのか、原則に照らして具体的に何をすればいいのかについて、次の章から深掘りしていきましょう。

3つの原則の相互関係

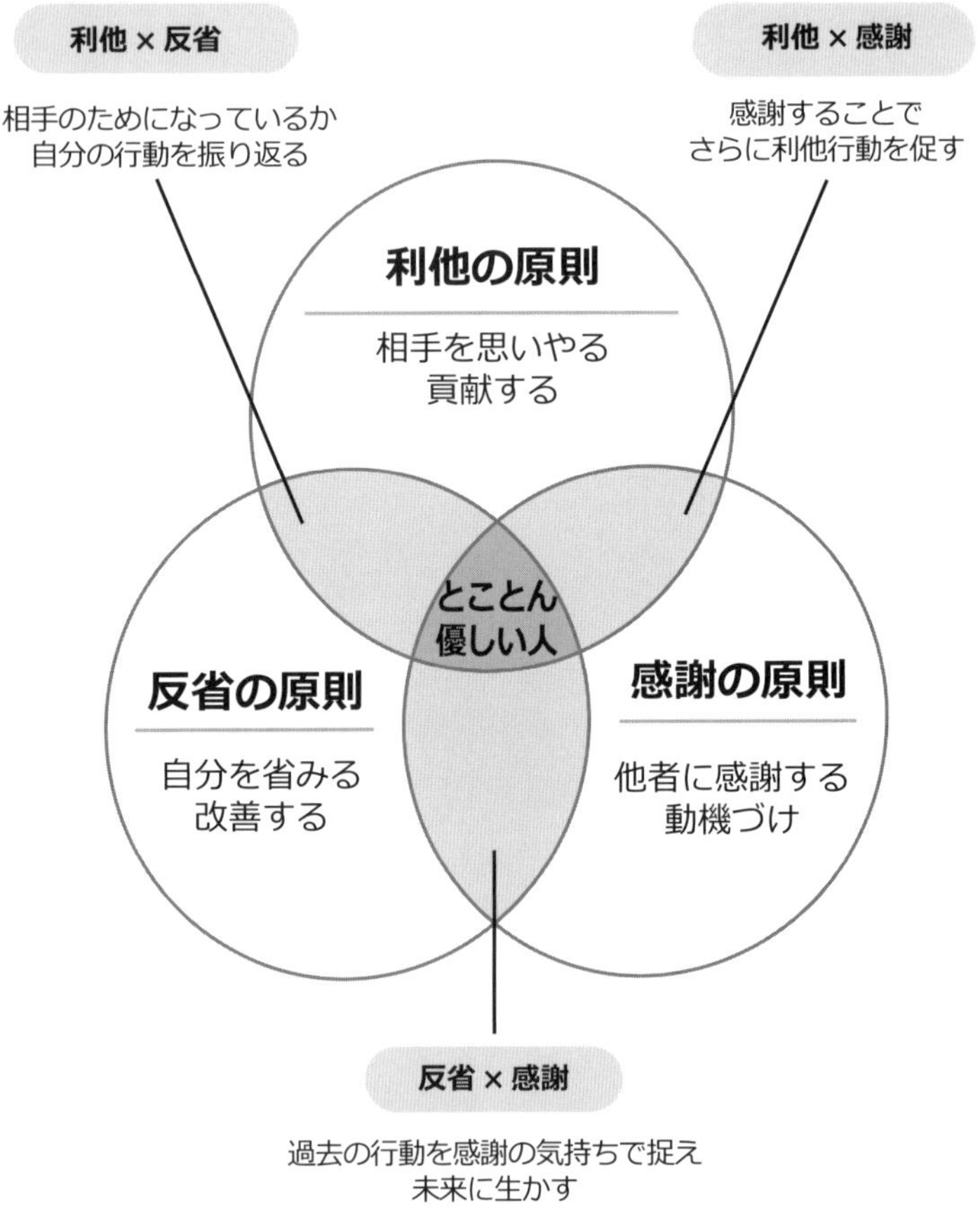
利他×反省
相手のためになっているか
自分の行動を振り返る
利他×感謝
感謝することで
さらに利他行動を促す
利他の原則
相手を思いやる
貢献する
とことん
優しい人
反省の原則
自分を省みる
改善する
感謝の原則
他者に感謝する
動機づけ
反省×感謝
過去の行動を感謝の気持ちで捉え
未来に生かす

コラム
1

心が変われば人生が変わる

給料が上がり、住環境や容姿を良くするほうが人生の満足感が簡単に高まると思うかもしれません。外から与えられる要因は、一時的な幸せをもたらしますが、給料を上げ続けることも、容姿を変え続けることも無理な話です。

発達心理学者のトーマス・リコーナ博士の言葉です。

考え方に気をつけなさい。
あなたが考えたことはあなたの言葉になるでしょう。
言葉に気をつけなさい。
あなたの言葉はあなたの行動となるでしょう。
行動に気をつけなさい。
あなたの行動はあなたの習慣となるでしょう。
習慣に気をつけなさい。
あなたの習慣はあなたの人格となるでしょう。
人格に気をつけなさい。
あなたの人格はあなたの運命となるでしょう。

人は、1日の中で無数の選択や判断をします。考え方（心）が変わると選択する言葉や行動が変わります。小さな選択が人格に、やがては運命（人生）にも大きな変化を起こします。

第2章

自己中心を弱める「利他の原則」

まんがでわかる

とことん優しい人はうまくいく

いい人で損しない3つの原則

『ライフラボ』会議室
レイコママの写真はこれで決まりだな
ほんじゃいったん休憩するか
…
梅村さん…
今月いっぱいでやっぱり辞めるって…

…そっか 残念だな
レイコママに言われてドキッとしたよ
正直、梅村さんに任せられるようにならないと
チームの仕事が回らないし
結果を出さないと
明日までに直して!!
自分の評価が下がるとか考えていたんだよね…
それを彼女にぶつけていた嫌な自分に気づいちゃった

人って自分に都合良く考えるよな
自分にとってどうかで物事を決めがちだろ?
俺もそうだけどさ
自分にも変えるべきところはあるんだろうな
まぁ愛ちゃんの考えも間違っちゃいないと思うよ
ポン
部下が育ってチームがうまく回ってこそ
いい仕事ができるしな
自分が変わる…
ーよーし休憩いくぞーー

ふふっ梅村さんのデスク
相変わらずメモだらけね
あ、これ…
私がこの前休憩室で話したアイデア…
彼女は雑談の中からアイデアを丁寧に拾ってくれる
分かりやすく資料にまとめてくれるから
打ち合わせでも前向きな話し合いになる

梅村さんなりのやり方で
チームを助けてくれていたのに
もっと成長してもらわなきゃ
なんて期待を押しつけたのが
間違っていたよね…
資料
いつもありがとね
ヤタ…
―数日後
PIETA
こんにちは
今日もよろしく
お願いします
待ってたわよ

それで この前ギャースカ 言ってた問題は
解決したのかしら？
はは
たしかに 言ってたな
前回の取材から ちょっと意識 してみたんです
良い心を 働かせる
ひと口に良い心と 言ってもたくさんの 種類があるのよね

えっと…
思いやる
感謝する
受け止める
認める
祈る
傾聴する
愛する
育てる
反省する
与える
許す
尊敬する
共感する
でも思っていたよりも
疲れるというか…
教えてもらったことと
自分のやっていることに
ギャップがありすぎて…

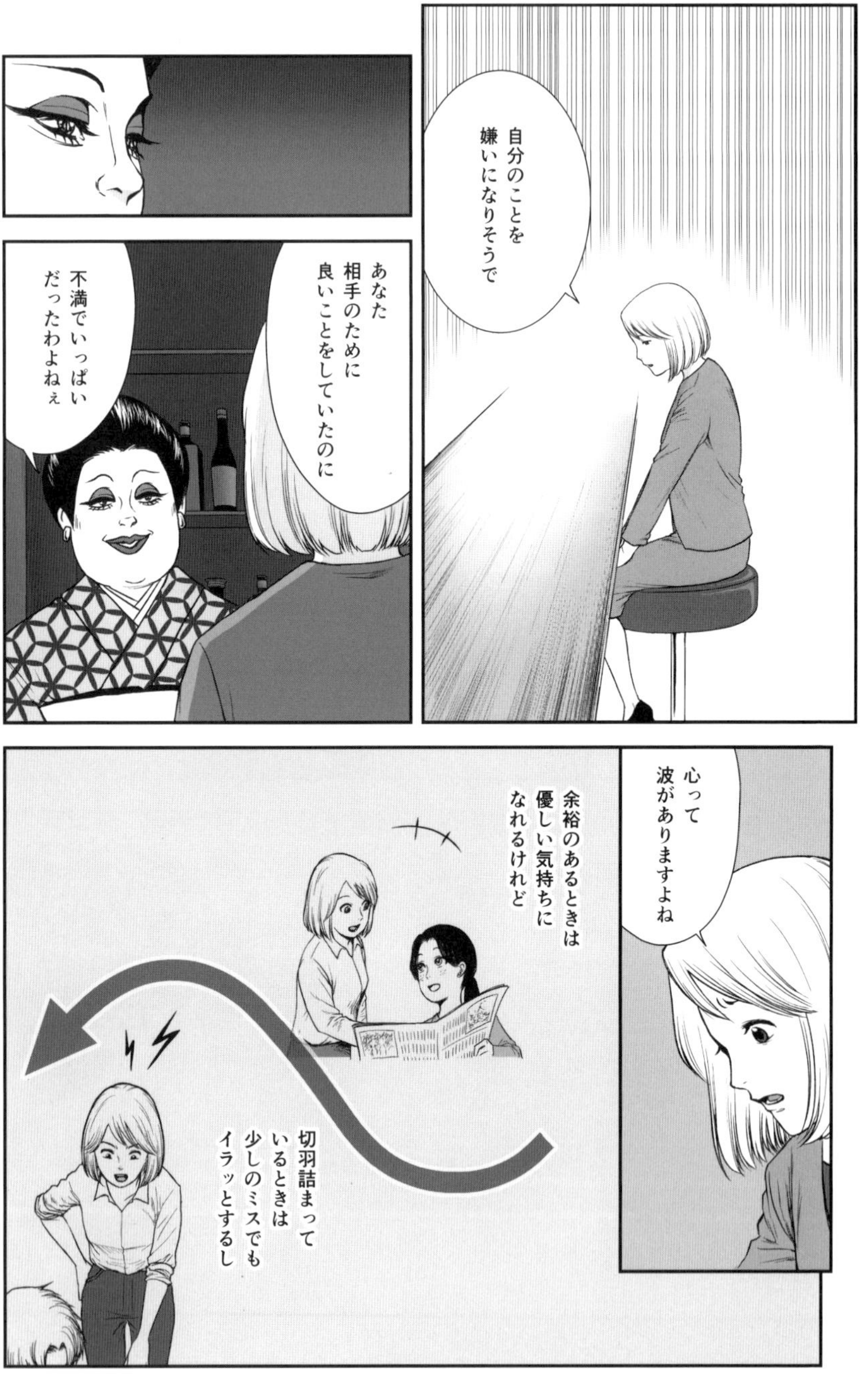

自分のことを
嫌いになりそうで
あなた
相手のために
良いことをしていたのに
不満でいっぱい
だったわよねぇ
心って
波がありますよね
余裕のあるときは
優しい気持ちに
なれるけれど
切羽詰まって
いるときは
少しのミスでも
イラッとするし

良いことをしたのに感謝されなかったらがっかりするし
「相手優先の心」でい続けるなんてハードルが高くて
ママが言う理想と現実の自分とのギャップが嫌になるんです
そんなレベルの高いこと私にできるのかなぁって…
そう感じたことがあったのね?
言ってごらんなさい
んー

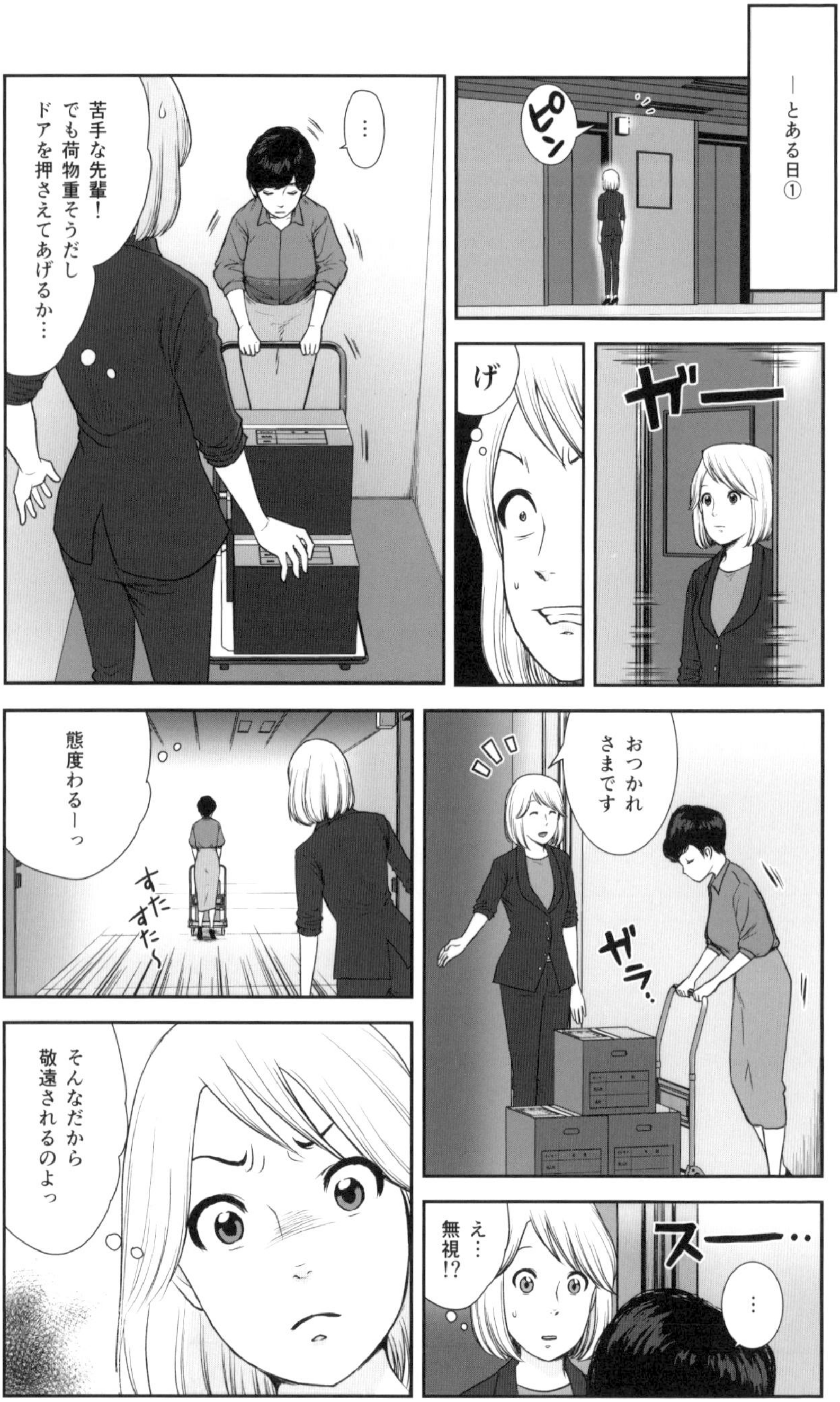
―とある日①
ピン
ザー
げ
…
苦手な先輩！
でも荷物重そうだし
ドアを押さえてあげるか…
おつかれさまです
ザラ…
スー…
え…
無視!?
…
態度わるーっ
すたすた～
そんなだから
敬遠されるのよっ

―とある日②
うわぁ〜 これ全部 過去発行の『ライフラボ』？
ぐちゃ〜
みんなが使う場所だし きれいにするか
バックナンバーは 保管棚に移動しよー
え!?
ぎっしり
これじゃ 入れるスペース ないじゃない
他の人も 気づいていた はずなのに 放置してたの!?
あ〜面倒くさい やらなきゃ よかった

―とある日③
ただいま～
帰りが遅く
なっちゃったけど
パパが子供たちを
みてくれて助かった～
ガチャ
やだーっ!
脱ぎっぱなし
じゃないのーっ
ごちゃ
イラ
イラ
パパが洗濯機に
入れてくれれば
済むことなのにー!!
お～お帰り
おつかれ～
ひょこっ
ドキッ
くるっ
パパありがとー
おかげで仕事
はかどったわー
本当はイライラ
してるけど!!

はぁ~
…ということが重なって
大変なことは手伝いたいし自分も相手も居心地良くしたいとは思うんですけど
嫌だとか面倒とかネガティブな気持ちも湧いてきちゃうんです
相手優先の心を働かせる
頭では理解しててもできない自分がいるんです
0か100か○か×かで考えすぎね
24時間365日文句なしの100点満点の良い心でい続けるなんて
神様仏様だってさじ投げるわよ

一時的に相手優先の心になれても
すぐ自分にとって楽なほう都合のいいほうに心って流れちゃうのよね
意識して努力していないと
しんちゃん
あなた1日の中でどれだけ良い心でいられる？
しんちゃん!?
んー10パーセントくらい？
少なっ
あらやるわね
ええっ!?

10を100と比べたらそりゃあ少ないでしょうね
でもね
10パーセントでも良い心でいられた自分をほめてあげたほうがいいと思わない？
そうそうできたほうを見ずにダメって言われちゃ
テストで100点取らなきゃ0点と同じって言われているようなもんだ
できないあなたもいとおしいわぁん
ちゅ

完璧じゃなくていい
自己中心を抜け出したいなら意識して心を働かせなさい
そうは言っても性格って簡単には直らないと思うんです
キュ
悪い心を良い心に直しなさいなんて言ってないでしょう?
トク…
たいていの人間は自己中心なんだからその心をなくそうと努力しても簡単にはなくならないの
良い心に直すのではなく…
良い心を多めに注ぐことで自己中心の心を薄めていくと考えればいいわ
レイコスペシャルよ♡

そう言われてみると
心が穏やかな時間が増えるとイライラすることは少なくなるかも…
完璧な人なんていないわ
1を2に高めていけばいいじゃない
心は育てられるんだから
100点ではない自分を責めなくてもいいんですね…
心を育てる…

自分を優先しすぎると不自由になる

愛《あい》さんがうまくいかなかった根本的な原因は、良い行動をするときの心の働きが自己中心だったことでした。間違えて理解している優しさから抜け出し、人生がうまくいく「とことん優しい人」になるための最初の原則、それが「**利他《りた》の原則**」です。まずは自己中心を抜け出すところから始めてみましょう。

利他とは、単に相手を気づかい、相手の要求をすべて受け容《い》れることとは違い、「**相手の気持ちや状況を想像・共感できる、広くて柔軟《じゅうなん》な心の働き**」です。その場の感情や義務感からではなく、本当に相手のためになる思いやりの心、与える心とも言い換えられます。

反対に、自己中心とは自分のことばかり考えて他人の気持ちを考慮できず、自らの意見や都合をなんとしても押し通そうとする「自分勝手な心の働き」のこと。誰にでも、一時的に自分の気持ちを優先したり、気持ちに余裕がないと他人への配慮ができないことはあるものです。そうやって自分を守ろうとするのは自然なことです。ところが、過度に自分を優先することは、自分を大切にしているようで実は自分を苦しめる原因になっていることに多くの人は気づいていません。

身近に次のような人がいたとしましょう。

・「自分が正しい」と思い込み、自分の振る舞いを他人がどう受け取るかなんて気にも留めず、思い通りにいかないと機嫌が悪くなる。
・「自分が中心」に世界が回っているので、誰かが嫌《いや》な思いをしようが、不利益を被《こうむ》ろうが「配慮しよう」などという気持ちは持ち合わせていない。
・「いかにしても結果を出したい」「誰にも負けたくない」と突き進むあまり、人に迷惑をかけることを悪いとは思わない。
・トラブルが起こると、自分は傷つきたくないので誰かに責任転嫁《てんか》する。

こういう人は自分を守ろうとしているように見えますが、思い通りにいくことや自分が評価されることを気にしているので、心が落ち着かずに緊張状態が続いています。それによりストレスがたまり、攻撃性や自己中心的な性質が強くなってしまうという悪循環に陥ってしまうのです。自分を優先し過ぎた言動が人間関係に衝突や対立を生み、結果として周囲の信頼を失い、誰からも手を差し伸べられなくなったとしたら、一番苦しむことになるのは他の誰でもない自分自身です。ここまで極端ではないにせよ、私たちは多かれ少なかれ自己中心の欲やこだわりにとらわれています。

欲やこだわりにとらわれると人は不自由になるため、自己中心ではない、利他への転換が必要になるのです。

「なくす」から「薄くする」へ考え方を変える

とはいえ、愛さんが「ずっといい自分ではいられない」と肩を落としたように、利他は善で自己中心は悪だから、常に利他の心を働かせられない自分はダメだという落とし穴にはまってしまう人がいます。

そもそも**人間は利己の心、つまり自己中心の心が圧倒的に働きやすく、利他の心、つまり思いやりの心は働きにくい**のです。私たちには無意識に自分を守ろうとする仕組みが備わっています。その本能が決して悪いわけではありません。遠い昔から人間は身の危険を感じれば逃げたり戦ったりしてきましたし、自分の大切な領域に踏み込まれて怒りを感じれば相手を責めることもあるでしょう。問題は、それが望ましくない形で表れたり度を超えたりしてしまい、誰かに迷惑をかけることです。

そこで、自己中心の心をまったくなくすという考え方をやめて、「**自分の中には自己中心の心があるけれど、なくならないからダメというわけではない**」と考え方を変えてみましょう。**ポイントは、「薄くする」**です。

● 思いやりの心を〝1〟多く使う

自己中心の心はあって当然ですから、それをなくそう、どんなときでも他人を優先

利他の心を育てて、自己中心の働きを弱める

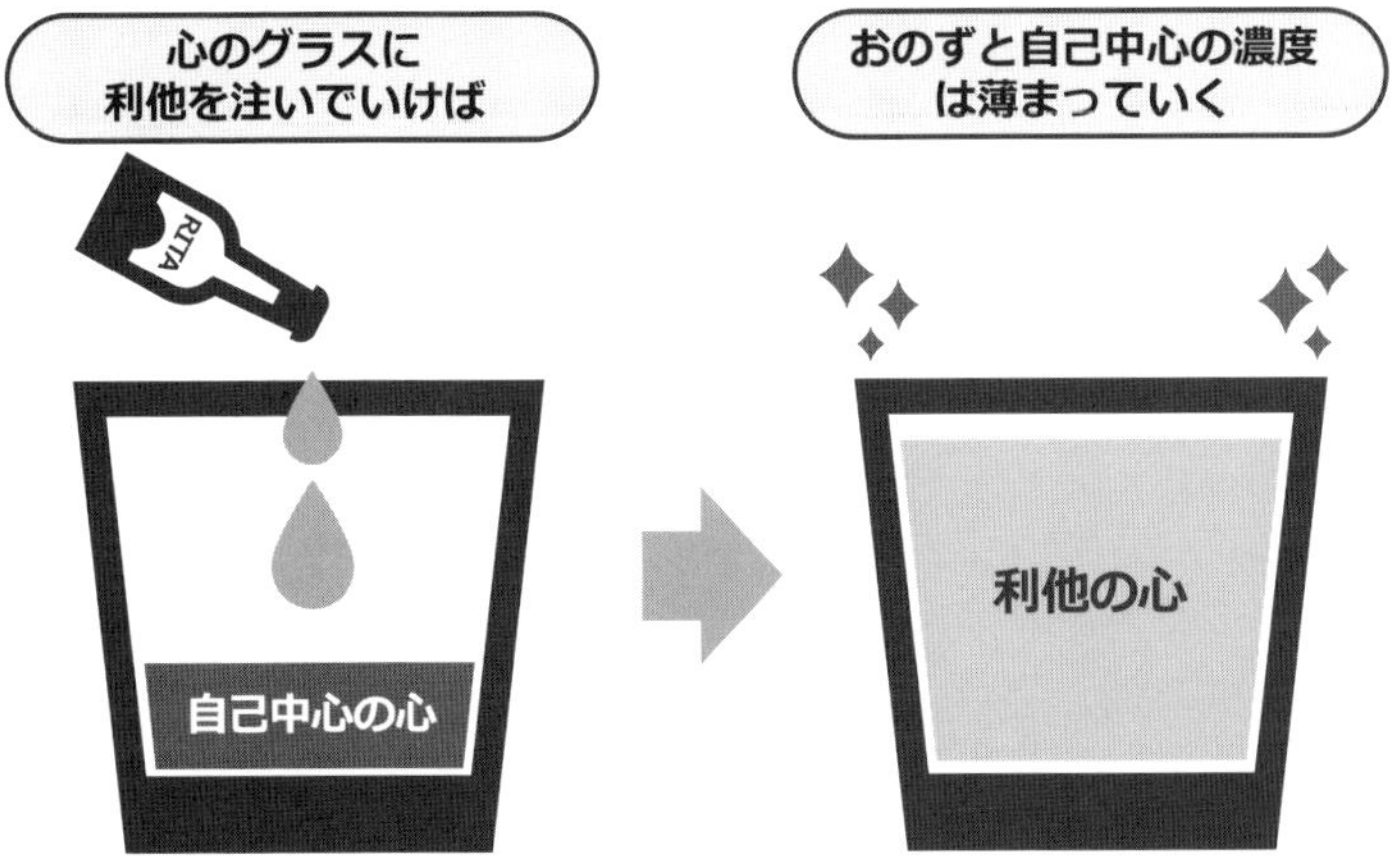
心のグラスに
利他を注いでいけば
おのずと自己中心の濃度
は薄まっていく
RITA
自己中心の心
利他の心

できる人間になろうとするには無理があります。

とはいえ、自分を守ること以上に自己中心になりすぎないようにしなければいけません。そのためには順序があります。

①自己中心の心を自覚する

②小さな「思いやりの行動」を増やす

まずは、自分の中には自己中心の心があると自覚することです。広く柔らかい心の人間になることはすぐにできることではありませんが、まずは自覚することが変化への第1歩になります。

自分の中にある自己中心の心に気づくことができたら、次は小さな「思いやりの行動」を増やしていきます。1章でも述べましたが、波があるのが人の心です。相手を大切に思っているときに憎む心は働きにくいように、心は同時に2つ使うことはできません。心はどちらか1つしか働かないのですから、相手の立場で物事を考えると自分の損得《そんとく》は後回しになるように、意識して相手のためになる小さな思いやりの行動を積み重ねることが大切です。これは、利他の心の量を多くすることで、自己中心の心をだんだんと薄くしていくというイメージです。

小さな思いやりの行動で本当に効果があるのか心配になるかもしれません。

「51対49」の法則をご存じでしょうか。心理学者で京都大学名誉教授を務めた河合《かわい》隼雄《はやお》（1928-2007）は、「心の中の勝負は51対49のことが多い」と書き残しています。

例えば、やらなければいけない用事があって気になっているけれど、やる気が起きなくて行動に移せないとき、心の中は「やる気」と「面倒くさい」が50対50で勝負を繰り広げています。やる気51：面倒くさい49

思いやりの心を育てる

自己中心の心を自覚する → **小さな「思いやりの行動」を増やす**

例	
職場	資料を受け取る際に「ありがとうございます」とひと言添える 相手の状況を慮《おもんぱか》り、忙しいときは声をかけるのを控える
家庭	家族の体調を気づかい、無理のない家事分担を提案する 食事を作ってくれた家族に感謝の言葉を伝える
友人	誕生日や記念日にメッセージを送る 困っているときには親身に相談に乗る

になるか、やる気49：面倒くさい51になるか、表に見える行動はわずかな心の差で決まるといいます。

誰の中にも必ず思いやりの心は存在します。ただ、親しい人には優しくできる、心に余裕があるときは相手の言葉に耳を傾けられるというように、いつでも困っている人に手を差し伸べられるかといえば、決してそうではありません。とはいえ、優しい気持ちがまったくないかといえばそうでもない。少し頑張れば小さな「思いやりの行動」はできるかもしれません。自己中心0：利他100をめざすのではなく、自己中心49：利他51からでいいのです。

人生は選択の連続です。どちらの心を増やすかは自分次第ですが、たった1でも思いやりの心を多く使うと選択して、自己中心の心をだんだんと薄くしていく。その積み重ねが「とことん優しい人」への確実な道です。

いきなりベストな自分を目標にするのではなく、昨日より今日、今日より明日と良い心を使える時間を増やし、「今よりもベター」をめざしましょう。心はそのときの状況や気分、人間関係によって左右されることはありますが、最終的にどの心をどれだけ使うかは自分が決めているのです。

小さな「思いやりの行動」のヒント①

わざわざ「ありがとう」を言う

相手が自分のためにしてくれることを「当たり前」と思ってしまうと、ありがたみは感じにくくなるものです。食事を作ってくれて当たり前、世話をしてくれて当たり前、このくらいやってくれて当たり前、そう思い込んでいることはないでしょうか。とりわけ家族のように近しい間柄では、言わなくても伝わっていると思ったり、気恥ずかしさも手伝って、素直に「ありがとう」を言えないこともあるかもしれません。

しかし、心からの感謝の言葉は、相手に「あなたのしてくれたことを、私はきちんと認識しています」「あなたのことを大切に思っています」というメッセージを伝えてくれます。そのメッセージこそが、相手の心に喜びをもたらし、私たちの人間関係に潤《うるお》いを与えてくれるのではないでしょうか。

私たちの世界に当たり前のことは何一つありません。当たり前のように思っていることやものの背後にはさまざまな苦労や犠牲があったはずです。心からの感謝の言葉を伝えることは、身近でできる小さな思いやりの行動です。

小さな「思いやりの行動」のヒント②

受け取りやすいボールを投げる

私たちは1日の大半を誰かとのコミュニケーションに費やしています。コミュニケーションとは、お互いに言葉や気持ちを交換しながら意思の疎通《そつう》を図ることです。コミュニケーションはよくキャッチボールにたとえられます。キャッチボールの基本は、相手の立ち位置や状況を確認しながら相手が受け取りやすいボールを投げること。コミュニケーションでは、相手の状況や立場を察し、判断する心づかいが必要です。こんなふうに伝えたらどう感じるかな、今が適切なタイミングかな、という心づかいが相手にとっての受け取りやすいボールであり、小さな思いやりの行動です。

しかし、コミュニケーションは前向きなものばかりではなく、ときには部下や子供の間違いやミスに対して厳しく言わなければいけない場面もあります。他人の間違いを正そうとするとき、私たちの心は往々《おうおう》にして相手を正してやろうとか、教えてやろうという姿勢になりがちです。相手の心を傷つけるようなとげのあるボールや、受け取れそうもない剛速球《ごうそっきゅう》を投げていないか、自分を振り返ってみましょう。

小さな「思いやりの行動」のヒント③

安心を与える報告をする

仕事の基本は報告・連絡・相談ですが、そこに思いやりを加えてワンランク上の報告・連絡・相談をしてみましょう。

例えば、上司から「この資料を経理課に届けてほしい」と頼まれたとします。手が空《あ》いていたのですぐに経理課へ持っていき、デスクに戻り仕事を続けた。もし上司が、「さっきの資料は届けてくれたのだろうか」と気にかけていたとしたら……。自分から先に「先ほどの資料、経理課のNさんにお届けしました」とワンランク上の報告をすれば、上司の心配は取り除かれます。

家庭でも、仕事が終わればどうせ家に帰るのだからと、帰宅が遅くなることの連絡をしなかったり、友人との待ち合わせ時間の直前に「ごめん、間に合わない」と連絡を入れたり……、ついそんなことをしていないでしょうか。待っている人からすれば早く連絡をくれれば待ち時間の使い方を考えられます。身近だからこそ忘れがちな小さな思いやりの行動。周囲に「安心」を与えるワンランク上の報告を心がけましょう。

第3章

好循環を回す「反省の原則」

まんがでわかる

とことん優しい人はうまくいく

いい人で損しない3つの原則

story3　スタート地点

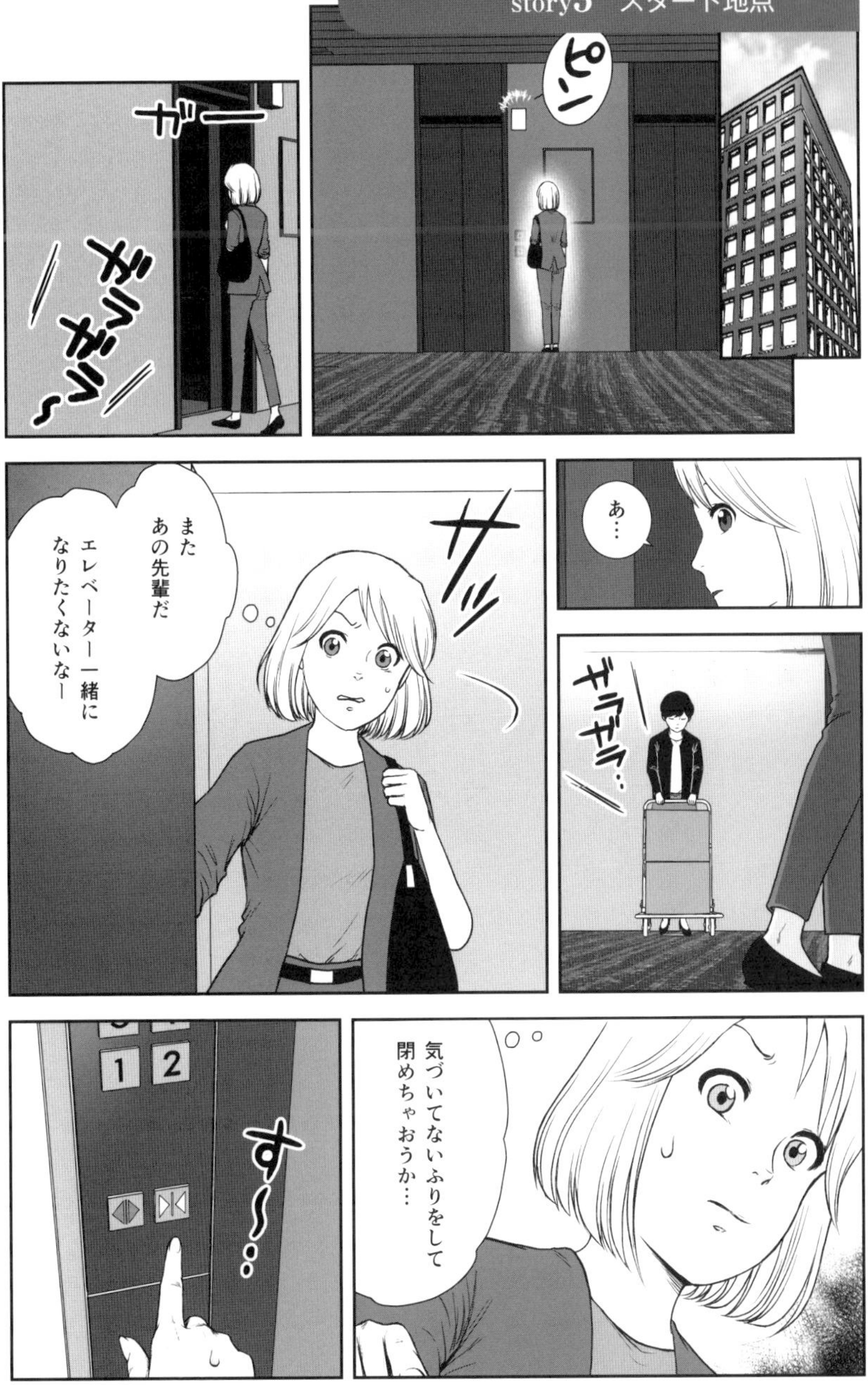

ピン
ガー
ガラガラ〜
あ…
ガラガラ…
サッ
また
あの先輩だ
エレベーター一緒に
なりたくないなー
気づいてないふりをして
閉めちゃおうか…
す〜…

1を2に
高めていけばいい
じゃない…
それでいいのよね
感謝されるためじゃない
相手のために優しい気持ちを
使おうと自分で決めること!
ピ
ガラ…
ガラガラ…

ガラガラ〜
いつも重い荷物大変ですね
コク
…
スッ
ぽち
ザラ〜
ヴィー
…
…
ピン
↓10

良い心を使うことを
選べた！
いい感じ
これが心を育てるって
ことなのかな
こうやって
パタ
少しずつでいいんだ
3回目の取材は
ピエタの営業中に
お願いした
訪れる人々を通じて
レイコママが慕われる
理由がもっと分かるはず

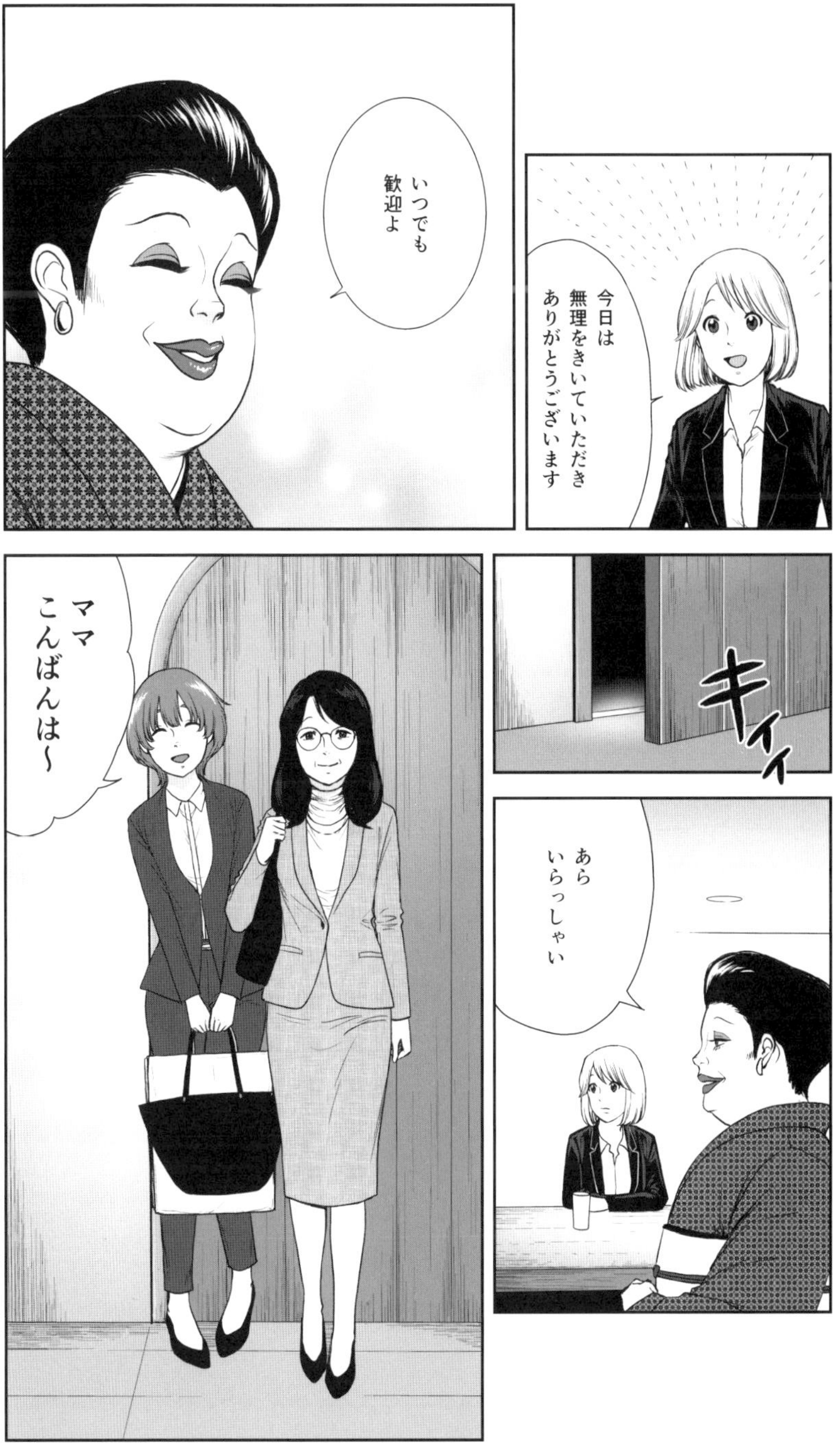
今日は
無理をきいていただき
ありがとうございます
いつでも
歓迎よ
キイイ
あら
いらっしゃい
ママ
こんばんは〜

今日も的確なサポートありがとうございました！
三品《みしな》さんのひと押しがクライアントの決め手になりましたね！
常連さんかな…？
何言ってるの向井《むかい》ちゃんがここまでしっかり準備したからよ
三品さんと一緒だとモチベーションがぐんと上がるので頑張れるんです
ぱっ

相手の懐に入り込む
コミュニケーション力
本当に尊敬します！
三品さんが上司で幸せ！
ググ・・
よくもまぁあなたは
次から次へとほめたり
感謝したりできるわね
照れないの？
全然！
これはもう
私の趣味ですね
ぐッ
感謝の気持ちは
あげたから減るもの
ではないですし
時間もかからないし
自分も
幸せな気持ちになって
良いことだらけじゃないですか
向井ちゃんには
かなわないわね〜
あはは〜

ママ
この子ったら
ママに相談して
よっぽど心が
動いたのね
しっかりと
人生が好循環してる
じゃない
えへへ～
ぶるっ
ママ
トイレぇ～
ダーッ
もうっ
子供
みたいな
こと言って
あの…
お話しして
いるところ
すみません

実は私
記者をやっていまして
レイコママに取材をしているんです
まぁ
ママの
密着取材!?
ご一緒の方は
レイコママに何か相談されたんですか?
前向きで悩みなんてなさそうなのに
…

彼女、今でこそ明るくて誰にでも好かれるけれど以前はそうではなかったの
ふふっ
責める心で悪循環して自分も他人も不幸にしていたわね
そうなんですか!?それがどうやってあんなに前向きに?
生活習慣病ってあるでしょう不健康な日常生活が引き起こす病気よね
心も同じで良い習慣は人生に良い結果が悪い習慣はそれに応じた結果が待っているわ

だから
どんな状況でも
良い心を選び取れる
ように鍛えること
筋肉みたいにね
??
心の筋トレって
ことですか…?
わんつっ
わんつっ
急に負荷をかけ過ぎない
自分に合った方法で
少しずつでも続けること
決まった場所や
決まった時間に行う
マイルールを決めるのもいいわ
彼女は意識して
良い心を使おうと
決めたの
結果として
人生の悪循環を
抜け出せたのよ

パタ
向井ちゃん
彼女ね
ママを取材している
記者さんなんですって
そうなんですか!
ペコ
ぽん
よければ
人生がうまくいく
心の鍛え方
教えてさしあげたら?
私でよければ
とは言っても小さなこと
ですけど

いつも何かのせいにしていた私
うまくいかないのはあの子の「せい」
運が悪かった「せい」
時間がない「せい」
相手を責めるから相手から疎まれて距離を置かれたし
うまくいかなかったらどうしようっていつも焦って不安だった
そんなときレイコママから「おかげ」を教わった

「おかげ」は
変換の言葉
あの子の「おかげ」で
改善点が見つかった
ツイてなかった
「おかげ」で人の
優しさに気づけた
時間が足りない
「おかげ」で
やり方を工夫できた
誰かや何かを責めて
嫌な思いで満たされるのは
他の誰でもない自分の心
「せい」を「おかげ」に換えて
ありがとうってプラスの心でいられたら幸せ

「せい」でイライラしていたときより
今はずっと心が明るい
自分の心が変わったら
自然と周りに人が集まってきた
心の筋トレっていうから
身構えましたけど
見えない心を鍛えるには
目に見える言葉選びから
始めてもいいんですね
心のカレンダー
心は原因となり
結果を生む
人生はその繰り返し
こんなふうにね

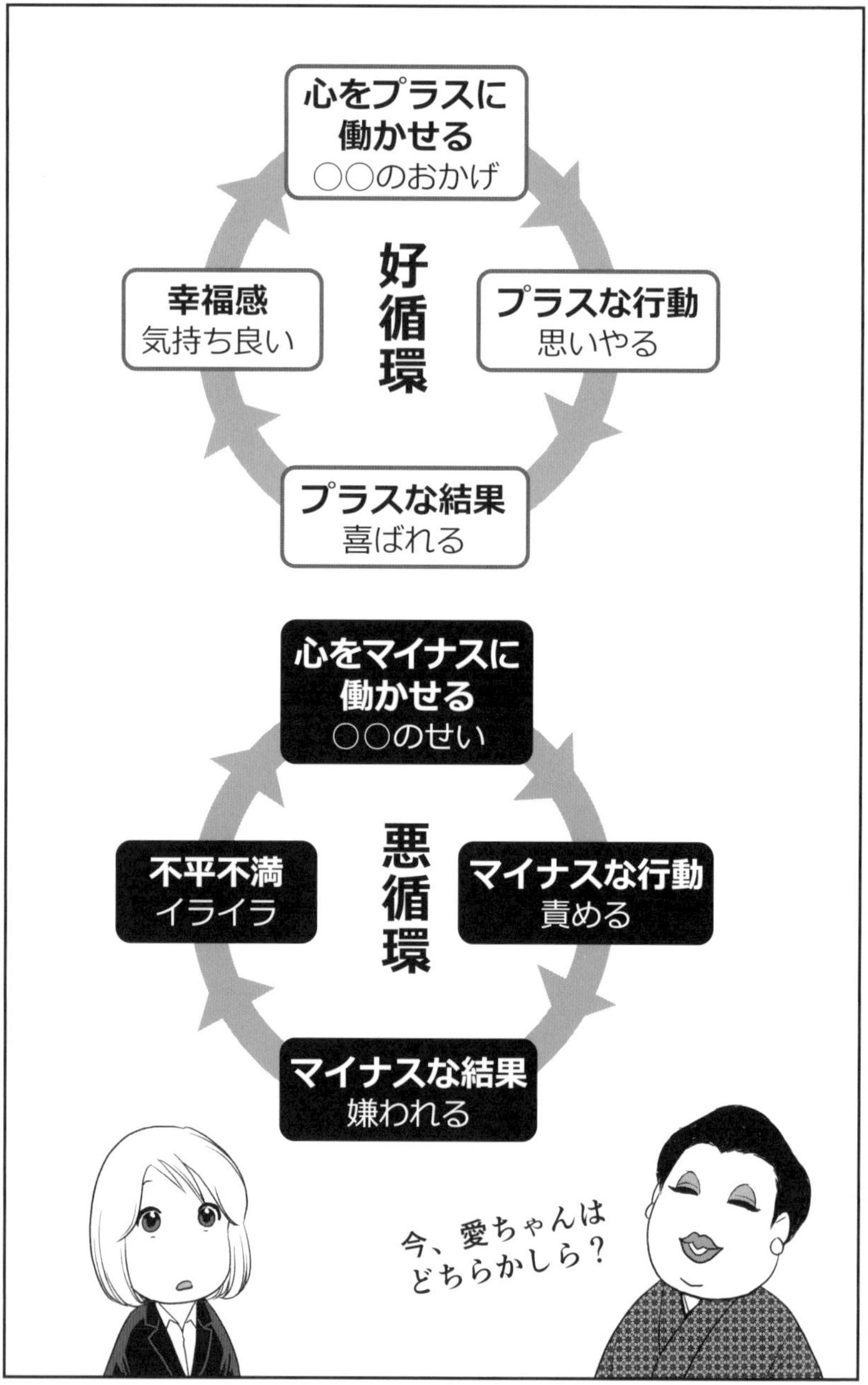

心をプラスに
働かせる
○○のおかげ
プラスな行動
思いやる
プラスな結果
喜ばれる
幸福感
気持ち良い
好循環
心をマイナスに
働かせる
○○のせい
マイナスな行動
責める
マイナスな結果
嫌われる
不平不満
イライラ
悪循環
今、愛ちゃんは
どちらかしら？

うまくいくかは
スタートの心が決めているのよ
自分の力でスタートを整えて人生を好循環させるの
レイコママの筋トレ
反省とか
思いやりとか
他にもたくさんあるんですよ！
キラーーーン
うう
まぶしい…
私って人間関係も仕事も悪循環に陥っていたのね
そこから抜け出せるなら頑張ってみようかな

後悔ではなく省みる

2章でお伝えした「利他《りた》の原則」を意識すると同時に気をつけたいことがあります。それは、**心の働きが独《ひと》り善《よ》がりの善意に逆戻りしていないか**ということ。そのために、2つ目の「**反省の原則**」を意識して自分の心の働きと行動を省《かえり》みる必要があります。

ここでいう反省とは、せっかく良いほうに整えた心の働きが知らず知らずのうちに誤ったほうに流れていないかをチェックし、もし自己中心になっていると気づいたら、そのたびに整え直す行動のことです。

反省なんてネガティブな思考で、失敗やできなかったことばかりに目がいき、落ち込む原因になるのでは、と感じるかもしれません。ポジティブさこそ価値があるような昨今の風潮では、過去のことは省みず、未来を全力で生きる、嫌《いや》なことは忘れて楽しいことだけ考える、ひたすらポジティブであることがいいように感じるのも仕方ありません。

しかし、実は反省とは落ち込むためのものでも不健全なものでもありません。**反省**

は積極的なアクションです。自分自身を冷静に省みて自分の現在地を確認し、未来に向けてポジティブな軌道修正をしたり、成長の〝伸びしろ〟を発見したりできます。正しく反省すれば、それによって物事が明確になり、未来に役立つ力を引き出すことができることを知っておきましょう。

反省と似た言葉に後悔があります。もし反省したのに力が出ないという場合は、後悔しているだけかもしれません。多くの人は、あのときあんな選択をしなければ……、あそこで間違えなければ……、というように「もし○○していなければ」と苦しい感情や不愉快《ふゆかい》な思いを味わったことがあるはずです。

後悔とは過去の出来事を思い返して悔《く》

未来につながる反省、過去にとらわれる後悔

反省		後悔
過去の経験、現在の状況	**焦点**	過去の行為や選択
改善意欲、成長意欲、前向き	**感情**	悔やむ、自責、無力感
未来に向けて改善策を考える	**行動**	過去にとらわれ前に進めない
次はどうすればいいか	**視点**	あのときこうすればよかった
失敗を学びの機会に変え 未来の行動に生かせる	**結果**	過去の失敗に縛られ 未来への行動につながらない

やむことですが、そのときの選択や行動をくよくよと考え続けていると、自責の念や無力感で前へ進めなくなります。

一方の**反省とは、自分を省みて改善する成長のプロセス**です。失敗も誤りも「次に生かすための学び」に変え、未来へとつなげていきましょう。

心が原因になり結果を生む

では、常に心を整えることがなぜ重要なのでしょうか。

それは、**心が物事の「原因」になり「結果」を生む**からです。心は目に見えないのでイメージしづらいかもしれませんが、勉強を頑張ったから（原因）試験に合格した（結果）、必要以上に食べたから（原因）太った（結果）、というように、私たちの日々の生活は原因と結果で成り立っています。

私たちが日常に経験する不愉快な思いは、自分の考え方、感じ方、あるいはそのときの気分や機嫌から生まれてくるものがほとんどで、相手や出来事そのものから生まれてくるわけではありません。例えば、話しかけた相手から反応がないとき、「無視された」と思うと不快ですよね。でも、本当は聞こえていなかっただけかもしれないのです。

日々の生活の中で、何を思い、何に心を動かし、どのように判断して行動するのか、すべて自分の心が決めています。心が原因となり結果を生み、それがまた原因となって結果を生む——人生にはそのような循環が存在するのです。

レイコママが愛さんに教えた好循環と悪循環を、改めて下記の図で確認してみましょう。重要なポイントが2つあります。

1つ目が**好循環と悪循環のスタート地点はどちらも「心」**だということ。

2つ目が、**その「心」は自分で変えられる**ということです。**人生は良い方向にも悪い方向にも循環します**。

もし、人間関係がうまくいっていない(結果)、

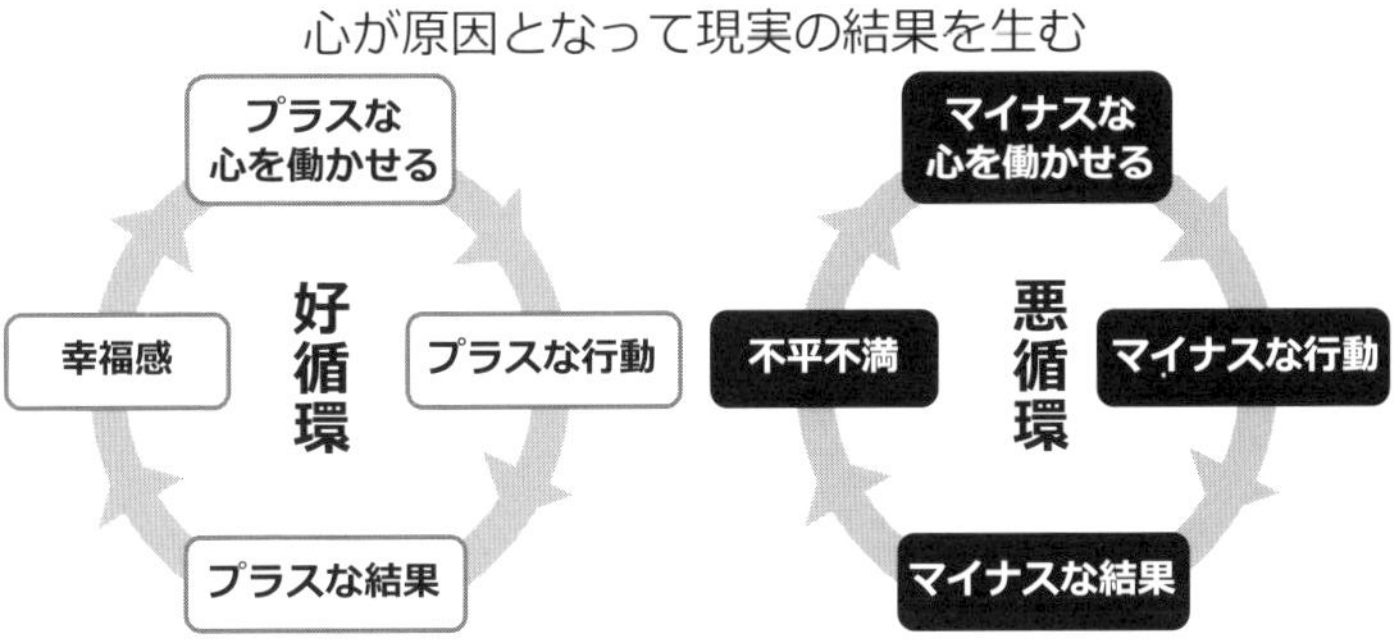

私たちの人生は、良い方向にも悪い方向にも循環します
あなたは、どちらの循環の中にありますか？

優しくしたのにうまくいかない（結果）という悪循環にはまっていたとしたら、スタート地点が間違っているのかもしれません。

今のあなたは、どちらの循環にいるでしょうか。

穴を掘るのをやめよう

心を整えることが大切なのにはもう1つの理由があります。それは、**他人の欠点や過《あやま》ちに気づいて指摘することに比べて、自分の心の過ちに気づいてそれを改めることは数倍難しい**ということです。

その気はなくても、知らず知らずのうちに自己中心に流れるのが心の特徴ですから、良くも悪くも自分の心と向き合う必要があります。

そのために「省みる」のです。

「穴の第1法則」をご存じでしょうか。これは「自分が穴に落ちたと気づいたら、まずはその穴を掘るのをやめること」が大事だという教えです。「間違えてしまったかな」「なんだかうまくいっていないな」と気づいたら、これ以上悪くならないように、まずは立ち止まることが最優先です。

1章の愛《あい》さんは、思い通りにならない後輩の果報《かほ》さんに対し「私はこんなにしてあげたのに」と責める心で、自己犠牲を美化しながら不満を募《つの》らせていました。この考え方は「穴を掘り続ける」行為と同じです。相手を責める心を働かせ続けるほど不満はたまり、ストレスが増していきます。ストレスはさらにネガティブな心に拍車をかけるので、不満やストレスはどんどん蓄積され、人生の悪循環に陥ってしまいます。

その愛さんが、良い行動をするときの心の働きはどうだったかと立ち止まり、自分を省みたとき、穴を掘るのをやめることができました。**省みるとは、悪循環を抜け出し、好循環へ戻る力**でもあります。

スタートが「良い心」だと、自然と「良いことをしたい」という前向きな気持ちが湧《わ》き上がり、それが行動の原動力になります。

誰かを助けたい、支えたいという純粋な思いは、相手に手を差し伸べる機会を増やし、日常の些細《ささい》な場面でも優しさが行動に表れるようになります。その優しさが相手から感謝されたり、「助かったよ」と笑顔を向けられたりすることで、自分は誰かの役に立っているという実感が得られます。その積み重ねが生きがいや充実感となり、自分自身の幸福感を高めていくのです。

まるで、小さな石を水面に投げると周囲に波紋が広がっていくように、良い心が生み出した行動は、周囲にポジティブな影響を与え、やがては自分自身に返ってきます。この「良い心→良い結果→幸福感」という好循環が回り始めると、毎日が幸福感で満たされるようになります。**省みる力の高い人ほど、この好循環を持続させることができます。**

ただし反対もしかりなので、意識して抜け出す努力をしない限り、悪循環もいったん回り始めるとずっと回り続けます。

好循環をぐるぐると回し続けるために、スタートの良い心を常態化する努力、つまり良いときも悪いときも省みる力を習慣化させること。ヒントは、小さく始めて継続することにあります。

心の働きを省みるためのヒント①

「せい」を「おかげ」に言い換える

すべてが思い通りには進まないのが人生です。ツイていない出来事が起これば、「どうして自分が……」と感じることもあるでしょう。

そこで、不満や不安で心がいっぱいになる前に、日頃から使っている言葉を意識して変えてみます。

自分の望まない結果の原因や理由を他人や環境に求めて「○○のせい」という言葉を口にしそうになったら、「○○のおかげ」と言い換えてみましょう。すると、後に続く言葉も変わってきます。「あの人のせいでこんなにつらい思いをした」が「あの人のおかげで自分の足りない点に気づけた」というように。

同じ出来事を違う受け止め方をするだけで、そこから得るものは変わります。責める心から受け容《い》れる心へ、意識して使う言葉を変えてみましょう。

心の働きを省みるためのヒント②

反省の時間づくり

独り善がりになっていないか、自己中心の正しさになっていないか、自分自身を客観的に観察し、ズレがあれば調整する「反省」の時間を定期的に持つようにしましょう。

例えば、思わぬ誤解を生んだり、誰かと対立してしまったことがあれば記憶を思い返し、なぜそうなったのか、そこに至る自分の考えや行動に何か問題がなかったのか自分自身に矢印を向け、謙虚に省みます。

「時間があればやろう」という気持ちではなかなか優先順位が上がらずに挫折してしまいます。毎朝○時にやる、布団に入ったらやるなど、決まった時間・場所にきたら行うというマイルールを決めると、継続しやすくなります。

世界的企業となった現・パナソニックの創業者、松下幸之助《まつしたこうのすけ》（1894－1989）の言葉に「朝に発意、昼は実行、そして夕べに反省」とあります。朝に考えを起こし、日中はその考えを実行に移し、1日の終わりには良かったこと良くなかったことを振り返って反省する。松下はこのサイクルを自身の習慣としていたといわれています。

心の働きを省みるためのヒント③

自己フィードバック

「自分のことは自分が一番分かっている」という思い込みをいったん横に置いて、自分をフィードバックします。寝る前の5分を使って、自分に次の3つのことを問いかけ、ポジティブな視点でノートに書き出して言語化してみましょう。

- **自分がうまくやれたことを1つ書く。**
- **もっと良くできると思うことを1つ挙げる。**
- **次にチャレンジしたいことを1つ決める。**

書いていくうちに、普段は気づかない自分の思考パターンや感情の傾向を見つけられるはずです。自分が何を大切にしているのかが明確になると、反省の質が高まります。反省の根底にあるのは自分を思いやる気持ち。気ぜわしく過ぎていく毎日も丁寧に振り返ると、反省のきっかけがたくさん隠れていることに気づきます。

第4章

利他へ動機づける「感謝の原則」

まんがでわかる

とことん優しい人はうまくいく

いい人で損しない3つの原則

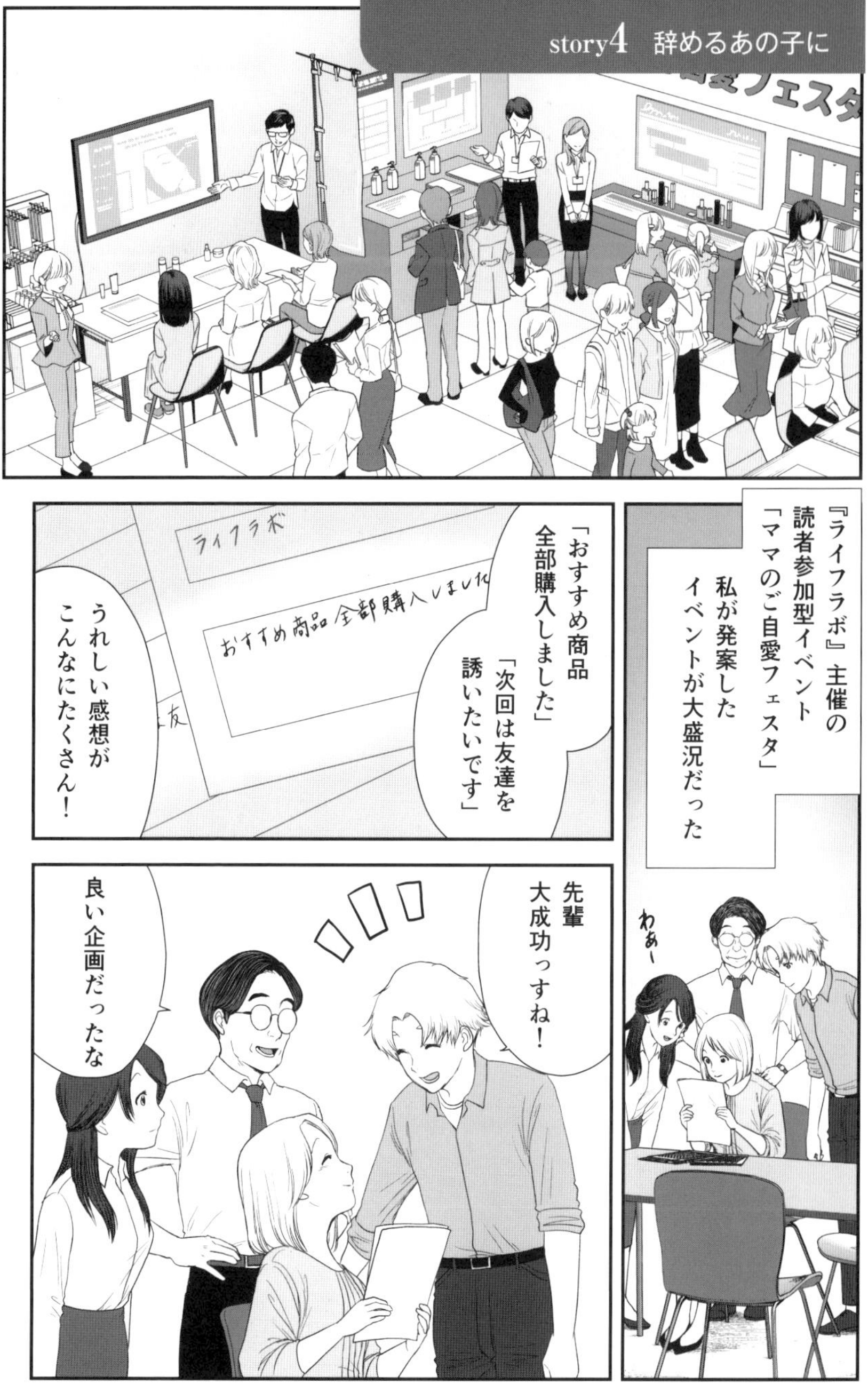
『ライフラボ』主催の
読者参加型イベント
「ママのご自愛フェスタ」
私が発案した
イベントが大盛況だった
わぁ～
「おすすめ商品全部購入しました」
「次回は友達を誘いたいです」
うれしい感想がこんなにたくさん！
ライフラボ
おすすめ商品全部購入しました
先輩大成功っすね！
良い企画だったな

ドヤッ
絶対成功すると思ってたもんね
反省よ…
うまくいっているときこそ自分を省みるんだ
はっ
企画部のチームワークを私も見習おう
参加者にもっと喜んでもらうためにどこが改善できるかな
最近は悪循環のスタートに立つ前に
ホッ
抜け出せている気がする

愛ちゃん
良い心を働かせ続けると人生が好循環してうまくいくの
でも「自己犠牲」ではダメ良い行動をしたくなる「前向きなエネルギー」が必要なの
エネルギーですか？
？
そのエネルギーが「感謝」よ
ということでこれは次回までの宿題ね
宿題ですか!?
よし宿題やってみよう

今月号の打ち上げで上司におごってもらった
夫に欲しかったピアスを買ってもらった
原稿の締め切りを延ばしてもらった
それにしても感謝なんて誰にでもできることを宿題にする意味ある…?
ガチャ
藤原さんちょっと会議室に来てくれるか
失礼します
渡辺くん…?
SSKデザインからクレームの電話があったぞ

えっ!?
最近夕方過ぎになって大幅なデザイン修正を即日仕上げるよう要求したことが何度もあったそうだ
しかも仕上げてもらったにもかかわらずこっちは帰った後だったとか
デザイン料の値引きも相談されたとか…
なぁ渡辺くん
…
ここのところ忙しくてSSKデザインとのやり取りは渡辺くんに任せていたけど…
渡辺くん先方にそんなむちゃなお願いをしたの?

こっちが費用払ってるんですから SSKデザインは やって当然でしょ
発行日に間に合わせるには 仕方なかったですし
経費の削減もできて 良かったじゃないっすか
申し訳ありません
今までも急ぎのお願いに 対応いただいたことは あったのですが…
渡辺くんと話して SSKデザインには 今後ご迷惑を おかけしないよう
仕事の進め方を 見直します…
─後日ピエタにて

今日はピエタで社会勉強だ
ぐいっ
俺は悪くないっすよ
ママ今日は渡辺くんも一緒にお話聞かせてください
まぁいい男が2人も

愛ちゃん
前回出した宿題は
覚えているかしら？
はい
ペラ…
毎日感謝したことを
5つ書き出す、
ですよね
毎日書いて
みたんですけど
ごちそうさまです
次もおごって
ほしいとか
ありがとー
今度は指輪を買って
ほしいとか
感謝したのは一瞬で
もっともっとって
求める気持ちが湧いてきて
感謝がよく分からなくなって…

目に見える幸せって
一時的なものだから
追いかけ続けると
不幸になりかねないわ
お金が手に入ればもっとほしい
もっともっと〜
シミが消えたらシワも消したい
というようにね
もっともっと〜
すぐにもっと幸せがほしくなって
永遠に追いかけ続けなきゃならない…
ああ〜ん
いつまでも満足できないわ〜

なぁ、愛ちゃん
先輩に嫌味いわれた！
でもおかげで問題に気づけた
これは感謝か…？
あぁ それは書くことがないから無理やり感謝につなげたの
あはは…
ダメかな
いいのよ、それで
マイナスの状況だろうとありがたい、おかげさまと感謝するの
「感謝を先」にしてごらんなさい

するとあぁ、ありがたいお返しをしたいというエネルギーが湧き上がってくるわ
心の好循環ね
いわれてみれば何かもらわなくても
感謝できることってたくさんありますよね
今日も家族が元気だったおかげで仕事ができたし
チームのみんなはいつも私のチャレンジを応援してくれる

じゃー
律ちゃん
あなたの感謝は?
感謝っすか…?
えーっと
そうっすね…
全然ダメだなー
は-
もっとちゃんとやってください!!
ず〜ん
最近むかついてばっかで感謝してないかもっす…
誰だって自己中心の心はあるから
思い通りにいかなくてむかつくのが悪いとはいえないわ

レイコママ
分かってくれるんすね～
ぴえーん
おいおい…
どうしたら
むかつかないで
すむかしらね
そりゃあ
全部こっちの
思い通りにいけば
いいんじゃないっすかね
どうしたら
相手が思い通りに
動いてくれる?
言った通りに動けと
力でねじ伏せてみる?
それは…
感謝から始めて
ごらんなさい

もしみんなが
自分のやりたいように
生きていたらさ
この世界って
生きづらくない？
まぁ…
俺も相手の思い通りに
動かされるのは
嫌っすね
人の心は
感謝には感謝を
敵意には敵意を
返そうと動くのよ
感謝したら
感謝される…

そうやって感謝のやり取りが続けば
人間関係が円満になって良い仕事を返そうとお互いに変わるわよ
感謝のやり取り…考えたこともなかったな
大切な人と良い関係でいられる
心が元気でいられること
物で得られる幸せとは違うけど大切な幸せなのかもね

いい勉強になったな
渡辺っ！
ポン
私も渡辺くんみたいに
相手に求めていた
あはは
辞める梅村さんに不満だったけど
彼女のおかげで今のままの自分
じゃいけないって気づけた
おめでとうのハグだー
やめてくださいよ、
梅村さんに感謝

自己犠牲では幸せになれない

とことん優しい人になるための3つ目の原則が「**感謝の原則**」です。

1つ目の「利他《りた》の原則」は行き過ぎると自己犠牲に、2つ目の「反省の原則」は方向を間違えるとすべては自己責任だと思い込んでしまう可能性があります。良い行動を継続するには頑張る気持ちにエンジンをかけることが必要ですが、やる気さえあればよいというものではないのです。それが心身をすり減らす「自己犠牲」や「自己責任」では長続きしません。**良い行動を継続するための前向きなエネルギー（意欲）を無限に生み出し続けるもの、それが「感謝」**です。

自己犠牲や自己責任では、なぜ長く続かないのでしょうか。

例えば、他人のために働くことが前提の介護や看護の仕事、またはボランティアに関わる人が「自分は無理をして体が壊れても仕方ない。とにかく目の前の人を助けたい」と自己犠牲の心が強すぎるためにバーンアウト（燃え尽き症候群）して心身が疲れ切り、意欲が湧《わ》かなくなることが問題視されています。相手の無理難題にもどうにか応えようと努力したり、ヘトヘトになっても自分の心身をいたわることを二の次にしてしまったり……。

そこまで犠牲的でないにせよ、「部下のフォローをしていたら残業が続き、体調を崩した……」「子供のことを優先していたら自分のことが後回しになり、正直疲れてしまった……」という経験はありませんか？

自分を犠牲にして相手を優先することは素晴らしく高尚《こうしょう》なように見えます。それが短期間であればいいのですが、何か月、何年と続けば心身に不調をきたします。心が擦《す》り切れるまで人に優しくして、気づいたら自分がダメになっていた。これでは元も子もありません。自分をないがしろにした思いやりは長くは続かないのです。

また、人の役に立つことや頼られることを求めすぎると、特定の相手との関係に依存しすぎる共依存のリスクも出てきます。一見、頼られるのはうれしいことですが、「私がいないとあの人はダメなんだ」「あの人に必要とされている自分に価値がある」と思っていた関係がなくなると、〝人から頼られない＝自分は必要とされていない・存在意義がない〞という思いにとらわれ、自己否定へとつながりかねません。

共依存の関係は、結果として周囲の成長を妨《さまた》げることにもつながります。「自分さえ頑張ればうまく回る」とすべての仕事を引き受けていっぱいいっぱいになってしまう人、あなたの周りにもいませんか？　そこには「自分が周りを支えている」という充実感があるのかもしれませんが、周囲も「あの人がやってくれるから大丈夫」と頼り切ってしまい、その結果無関心を生み、成長の機会を妨げることになりかねません。目の前の人を助けているようで、実はどちらのためにもなっていないのです。これは多くの職場で見られる悪循環の例です。

自己犠牲も共依存も、どちらも他人に行動のエネルギーを供給してもらっている待ちの姿勢、いわば消極的な動機といえます。

この**消極的な待ちの動機を、良い行動のエネルギーを自ら生み出す積極的な動機へと変えるものが「感謝」**なのです。

感謝も不満も循環する

感謝の感情が、他人を助けたいという利他行動（親切や思いやり）を増やすことは、さまざまな研究が明らかにしています。また、利他行動が感謝を引き出すことも明らかになっています。つまり、感謝と親切は1つの輪になっていて、良い連鎖を引き起こすのです。

反対に、不満と欲求にも連鎖があるといわれています。

満たされない欲求が不満を引き起こし、その不満が次の欲求を生むのです。欲求が満たされることなく放置されると不満が増大し、その不満を解消するために新たな欲求が生まれるという負の連鎖が繰り返されます。

愛《あい》さんの後輩の渡辺律《わたなべりつ》さんは、「自分が正しいのだから、相手は言う通りに動けばいい」と思ってやったことが、取引先とのトラブルの火種となって関係を悪化させ、うまくいかないことにイライラを抱えていました。レイコママが「感謝が先」と諭《さと》したように、良い連鎖を引き起こす感謝のスイッチを自分から先に入れられなかったことに律さんがうまくいかなかった原因がありました。

感謝と行き過ぎた犠牲の循環

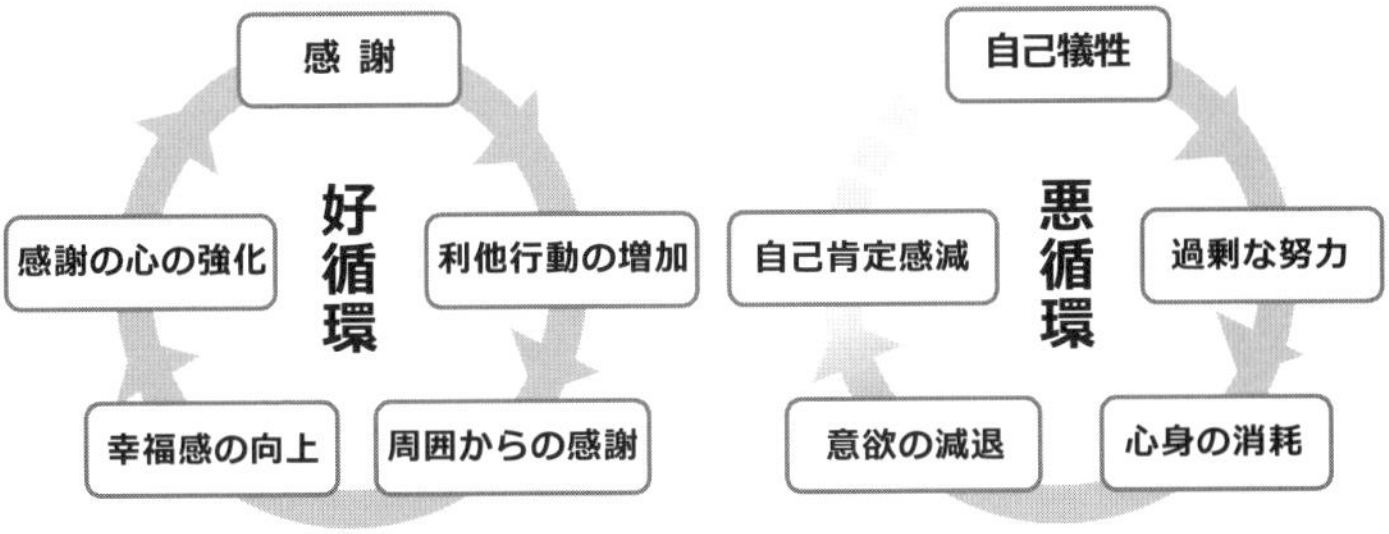

感謝の心づかいが利他的な行動へと
自らを動機づけ、良い循環を生み出します

もっと相手がちゃんとやってくれたら
もっと給料が高ければ
もっと広い家に住めていたら
パートナーがもっと気の利《き》く人だったら
もっと頭が良ければ
もっと痩《や》せていたら

人は、1つ願いが叶うと次の願いが生まれます。自分が頑張れば頑張るほど、相手にももっとこうしてほしいと求めるようにもなります。しかし、他人を思い通りに動かすことはできません。その上、相手に要求し続けることが不満を大きくし、人間関係を悪化させ、相手のモチベーションを下げて思うような協力も得られず、結局は要求した本人も思うような結果は得られないのです。

こうしたもっともっとという要求の連鎖を止めるのも「感謝」なのです。

感謝を阻む2つの壁「利己心」と「慣れ」

感謝が積極的な動機になり、良い連鎖を生み出すことは理解できたとしても、「感謝する」ことを難しいと感じる人は少なくありません。素直に感謝できない、感謝が見つからない、忘れてしまうなど感謝を阻《はば》む壁は身の回りにたくさん存在します。

感謝を阻む壁は大きく2つあります。「利己心」と「慣れ」です。

1つ目の壁は「利己心」。

どんなに人柄が良いといわれる人でも、本能的に自分のことを優先させる利己心や生きるための欲は持っています。利己心が完全に悪者かといえば、そうではありません。利己心とは、言い換えれば自分自身を守るセンサーのこと。嫌《いや》なことがあればその状況を避けたくなりますし、自分の認めたくない部分から目をそらしたりもします。私たちは誰もが無意識に自分自身を守るセンサーを備えていて、それがときに強く働き過ぎてしまうと誰かを傷つけてしまうのです。

よほど能天気な人か鈍感な人でもない限り、知らず知らずのうちに自分を守ろうとする心が働いてしまうもの。大切なのは、どのようなときに自分を守ろうとする利己心が働きやすいかを知り、過度に働き過ぎないように対処することです。

自分の立場を守りたい、自分の価値観を守りたい、あれは好きだけれどこれは嫌い、絶対にこうしてほしい、という利己心が強く働いている間は残念ながら感謝が生まれる余白はありません。自分を守るセンサーが働いていることを理解し、自分を大切にしつつ周りや相手を受け止め、感謝を向けるプラス1の心のゆとりがあることが大切なのです。

ありがたいことには慣れてしまう

感謝を阻む2つ目の壁が「慣れ」です。

例えば、毎朝始業時間より少し早く出社し、自分の意思で職場を掃除してくれている同僚がいるとしましょう。初めてそのことに気がついたとき、きっとあなたは感謝を伝えるでしょう。

しかし、同僚が毎日掃除を続けていたとしたらどうでしょうか。いつの間にかそれが「当たり前」になり、感謝の言葉をかけることは以前より少なくなるか、なくなってしまうかもしれません。

良くも悪くも、人間は慣れてしまう生き物です。例えば、ずっとほしかった最新家電を買い、一時は生活水準が上がりとても幸せな気分になるのに、しばらくするとあって当然のものとなり、より高性能な家電がほしくなることがあるかもしれません。また、初めて食べたときは〝こんなに美味しいものがあるのか〟と感動したあのレストランの料理、何度も食べているうちに初めて食べたときほどの感動を感じられなくなったなんてことも。

こうした慣れは快楽順応《かいらくじゅんのう》といわれ、良い出来事の後、幸福度がすぐに元のレベルに戻ってしまうことをいいます。どのような出来事や環境の変化にもすぐに慣れることができるというのはある意味人間のすばらしい能力でもありますが、特に願いが叶ったとき、ほしかったものが手に入ったときなど、ポジティブな出来事に対してこの力は強く働きます。ポジティブな出来事ほど人間はすぐに慣れて当たり前になり、幸福感や満足感を忘れてしまうのです。

当たり前の反対は「ありがたい」ですが、慣れた瞬間にありがたいことは当たり前になり、感謝の心は消えてしまいます。

人生に起きるありがたいことや良いことに、いかに「慣れない」かが感謝を持続させる鍵《かぎ》となるのです。

感謝は空間軸と時間軸で広がる

良いことに慣れない、言い換えればいつでも新しい気持ちで感謝を続けるには工夫が必要です。ここでは生活術のような一時的な感謝テクニックではなく、長く深く感謝をするためのヒントを紹介します。

レイコママが愛さんに出した「今、自分が感謝していることを5つ書き出す」という宿題、あなたなら何を書くでしょうか。少し考えてみてください。例えば、木々の香りが清々《すがすが》しくて幸せな気持ちになった、今日も元気に1日過ごせた、子供が元気に学校から帰ってきた、仕事で新しい契約が取れた、落とし物を拾ってもらえた、というような小さなことから大きなことまで、身の回りで起きたことが思い浮かぶでしょう。

感謝の心をより広げるためにおすすめなのが、感謝に「空間軸」と「時間軸」を加

えることです。

先ほどの5つの感謝を思い浮かべたとき、まずは自分自身や身近に起きたことに感謝したことでしょう。

私たちは、自分や家族、パートナーといったごく身近な人に感謝するのは比較的簡単にできます。さらに感謝の範囲を広げるには、空間軸を広げてみましょう。まずは自分や家族といったごく親しい人、その次は親戚や友人、同じ会社の人、近所の人など毎日顔を合わせるわけではないけれど縁《えん》のある人、さらに会ったことはないけれど同じ時代に生きている人まで広げることができます。

そこに時間軸を加えると、感謝はいっそう深まります。今、今日、数日前にしてもらったことへの感謝はすぐに思い浮かぶかもしれ

感謝の対象を広げる空間軸と時間軸

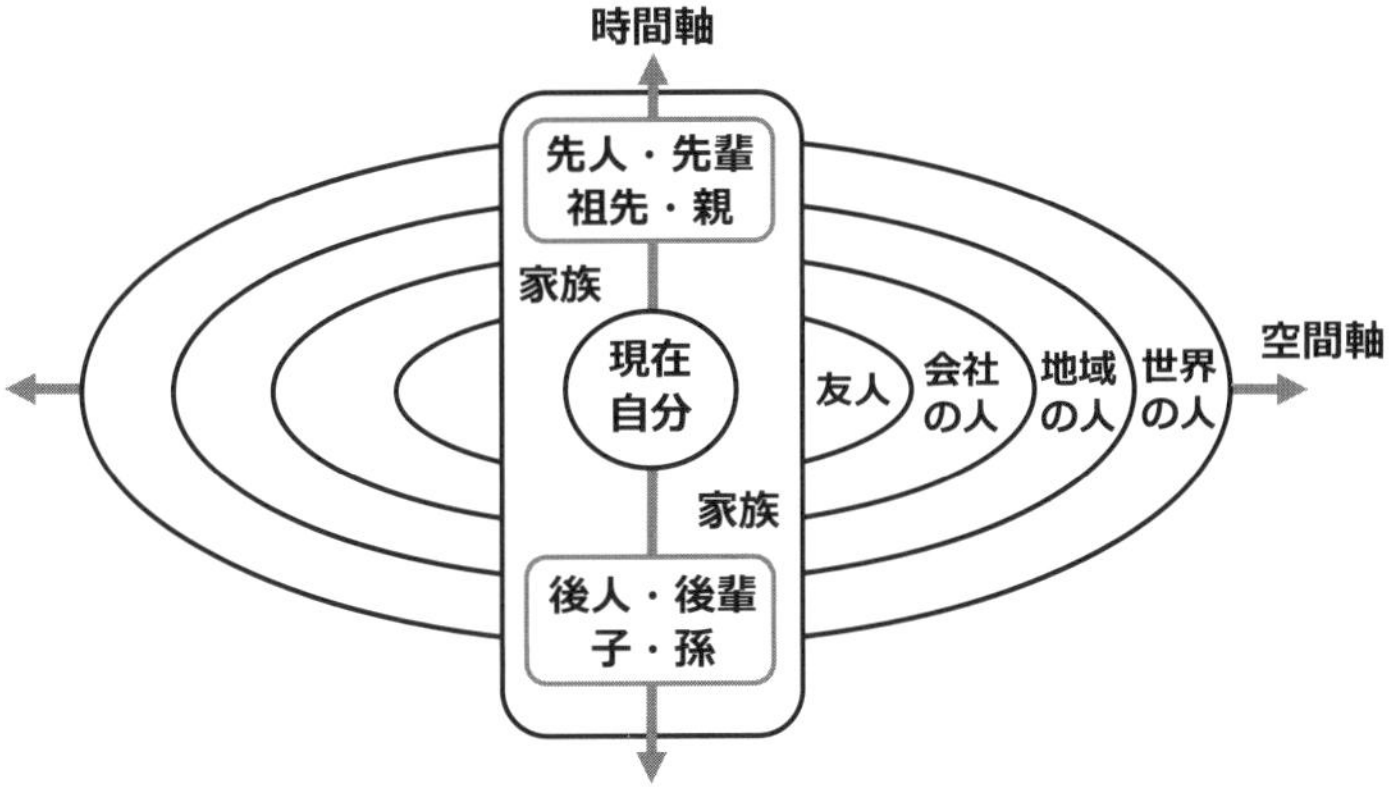

ません。あなたが生まれてから今まで支えてくれた多くの人、さらに想像もできないはるか昔からあなたまで一人として欠けることなく命をつないでくれた、多くの存在まで時間軸を広げてみるのです。**時間軸を広げることは、見えない存在に感謝する力を鍛えることにもつながります。**

いつもの視点から空間軸と時間軸を広げてみる。それによって感謝に慣れることなく深く感謝を維持することができるようになります。さらに言えば、**感謝を無限に発見し続けることができる**のです。

コラム
2

心の距離と時間旅行で宝探しの毎日に

いつでも新しい気持ちで感謝を続けるには「心の距離（空間軸）」と「時間の流れ（時間軸）」という２つの視点を加えること。

「心の距離」を広げるとは、感謝する対象の範囲を広げること。例えば、毎朝飲むコーヒー。淹《い》れてくれるパートナーに感謝するだけでなく、コーヒー豆を育ててくれた農家の方、運んでくれた物流の方、販売してくれたお店の方……と、コーヒー１杯に関わるすべての人に「ありがとう」を届けるイメージです。

次に「時間の流れ」を遡《さかのぼ》ること。今までしてもらった感謝はすぐに思い浮かぶかもしれませんが、これまで支えてくれた多くの人、昔から命をつないだ多くの存在まで時間軸を広げることで、見えない存在に感謝する力を鍛えます。未来を思う視点を持つと、さらに時間軸は広がります。例えば、現在の自然環境は、子孫が使うものを前借りしていると考えてみてはいかがでしょうか。日々の生活に感謝と謙虚さとが加わるはずです。

２つの習慣が身につけば、何かしてもらわなくても、マイナスの状況でも、感謝の種を無限に発見し続けることができるのです。心の距離と時間旅行で毎日を宝探しに変えてみませんか？

第5章

3つの原則で高まる「品性」

まんがでわかる とことん優しい人はうまくいく

いい人で損しない3つの原則

あら？
渡辺くん
いませんか？
SSKデザインで
打ち合わせです
トラブル
収まったの？
はい
渡辺くんなりに
努力していたので

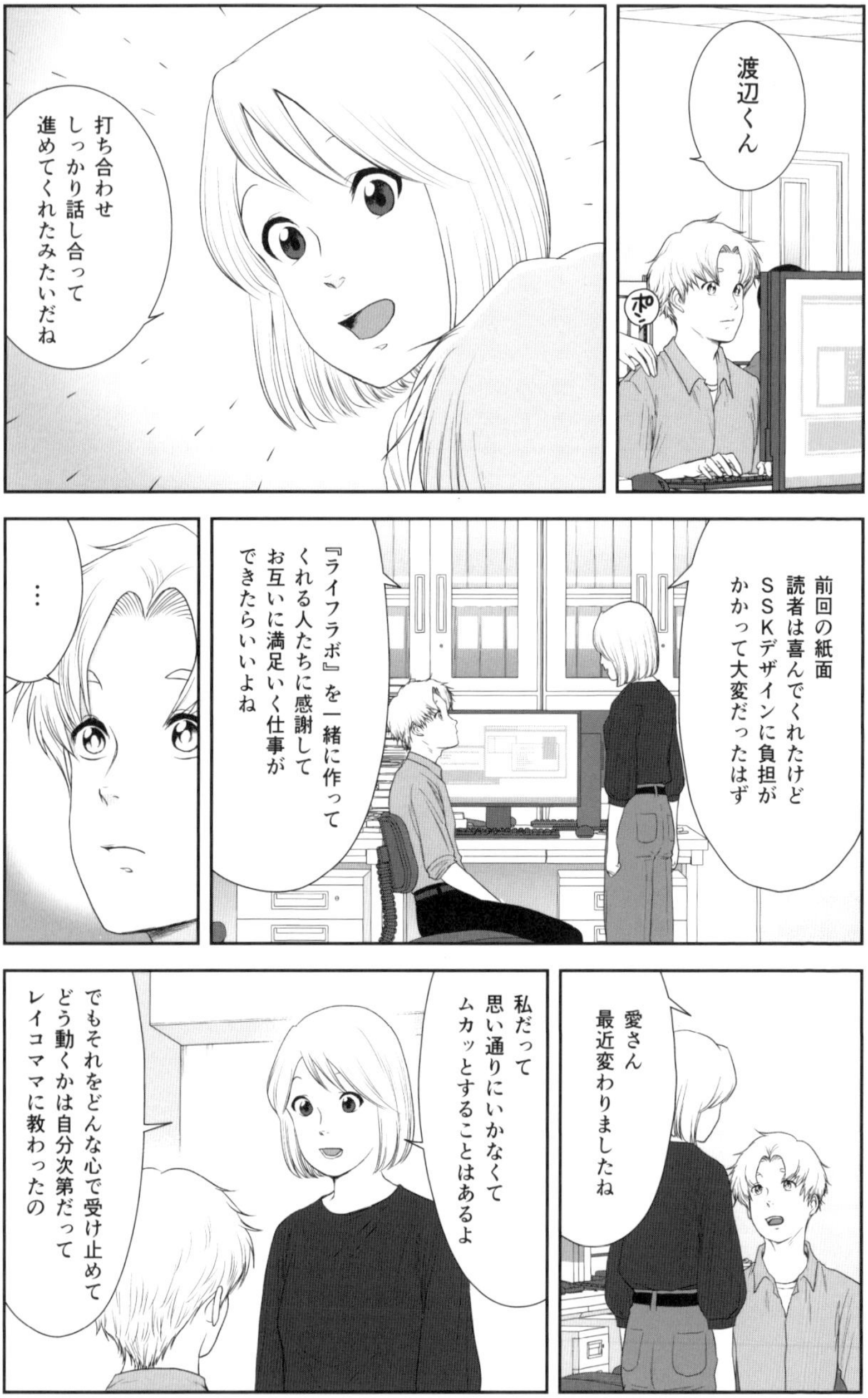
渡辺くん
ポン
打ち合わせ しっかり話し合って 進めてくれたみたいだね
前回の紙面 読者は喜んでくれたけど SSKデザインに負担が かかって大変だったはず
『ライフラボ』を一緒に作って くれる人たちに感謝して お互いに満足いく仕事が できたらいいよね
…
愛さん 最近変わりましたね
私だって 思い通りにいかなくて ムカッとすることはあるよ
でもそれをどんな心で受け止めて どう動くかは自分次第だって レイコママに教わったの

周りに求めるだけじゃ
うまくいかないって
ことっすね！
さっすが～
バシッ
渡辺くん
よく分かってる
じゃない
上司として
渡辺くんに命令して
仕事のやり方を変えさせたら
問題は簡単に解決したかもしれない…
でもそれは誰のため？
受け止める
共感する
育てる
渡辺くんのことを
思う心があってこその
「優しさ」だよね
あはは
…

う〜
さてと…
宿題ではないけれど
あれ以来
感謝探しを続けている
感謝できたり
できなかったり
忘れる日もあるけれど…

掃除しとくね
どうせなら別の部屋やってくれればいいのに…
ありがと…
資料まとめておきましたよ…
どうもー
集中しすぎて聞いてない
明日でレイコママの取材も最後か…
…で
PIETA
感謝探しを続けてはいるんですけど
「習慣」にする難しさを感じています

当たり前と思えば
楽だもんなぁ
あら
まだ自己中心の心が
一瞬たりとも許されない
とお考えかしら?
0か100か
じゃなくていい…
でしたよね
そうよ
感謝することを
覚えたからといって
突然いつでも
感謝できる人には
なれません

感謝
感謝
小さくても
1つずつ
積み重ねるのよ
頑張っていると
思っていいですか?
いいじゃない

それに心の伴わない感謝を繰り返しても成長しないの
落とし穴があんだな…
良い心と良い行いはセットで習慣化していくのよ
相手を思う心
相手を喜ばせる行い
心は楽なほうに流されやすいからこそ意識して積み重ねる
新しいことは多少のストレスを伴うけれど
昨日できた、今日できたと小さいことを積み重ねて習慣にしていきましょうよ

意識してみると物でなくても目に見えなくても
誰かがいろいろな「気づかい」「おかげ」「努力」をしていることに気づけるようになったんです
今まで当たり前にずっとそこにあったことが
幸せでありがたいと思えるようになるなんて…
昇給も仕事の成功もうれしいけれどそれとはまた違う幸せですね

愛ちゃん どんなに仕事ができても 経済力があっても
それを正しく 使いこなせなくちゃね
そのために必要なのが「品性」 人間にとって最高に価値あるものよ
品性ですか…
品性を高める方程式は かけ算だから
微差が積もり積もって 大差を生むわよ

習慣にしていく過程そのものが
品性を高めることなの
習慣にできていないからって
品性が高まっていないわけじゃないわ
私にもできるかな…
大丈夫よ
愛ちゃんはもう
何をしたらいいか
知っているはずだもの

キィイ
もう
お客さん?
あー違う違う
俺が呼んだんだ
え?
このままってのも
なんだろ
コツ
…

藤原さん…
梅村さん!?
ダッ
本当にごめんなさい
梅村さんのためなんて言いながら私のしていたことは結局自分のためだった

そんな
やめてくださいっ
私のほうこそ自分のことで頭がいっぱいでひどい言い方をしてしまって
実は藤原さんが開いたままの取材ノートが目に入ったんです
でも彼女のおか
だったってことに気づけた。
さんありがとう。
辞める梅村さんをずっと心で責めてた。
でも彼女のおかげで私が自己中心
だったってことに気づけた。
梅村さんありがとう。

私も自分勝手でした
職場は変わっても
藤原さんはこれからもずっと大事なことを教えてくれた先輩です
梅村さん
次の職場が嫌になったら戻っておいで

うまくいかないのは
相手のせい、環境のせいと
ネガティブな心で生きていく？
それとも一歩を踏み出して
うまくいく毎日に変えていく？
目に見える行動や
言葉の裏にある心を変える
心が変われば人生は変わる
私の人生は、これからもっとうまくいく！

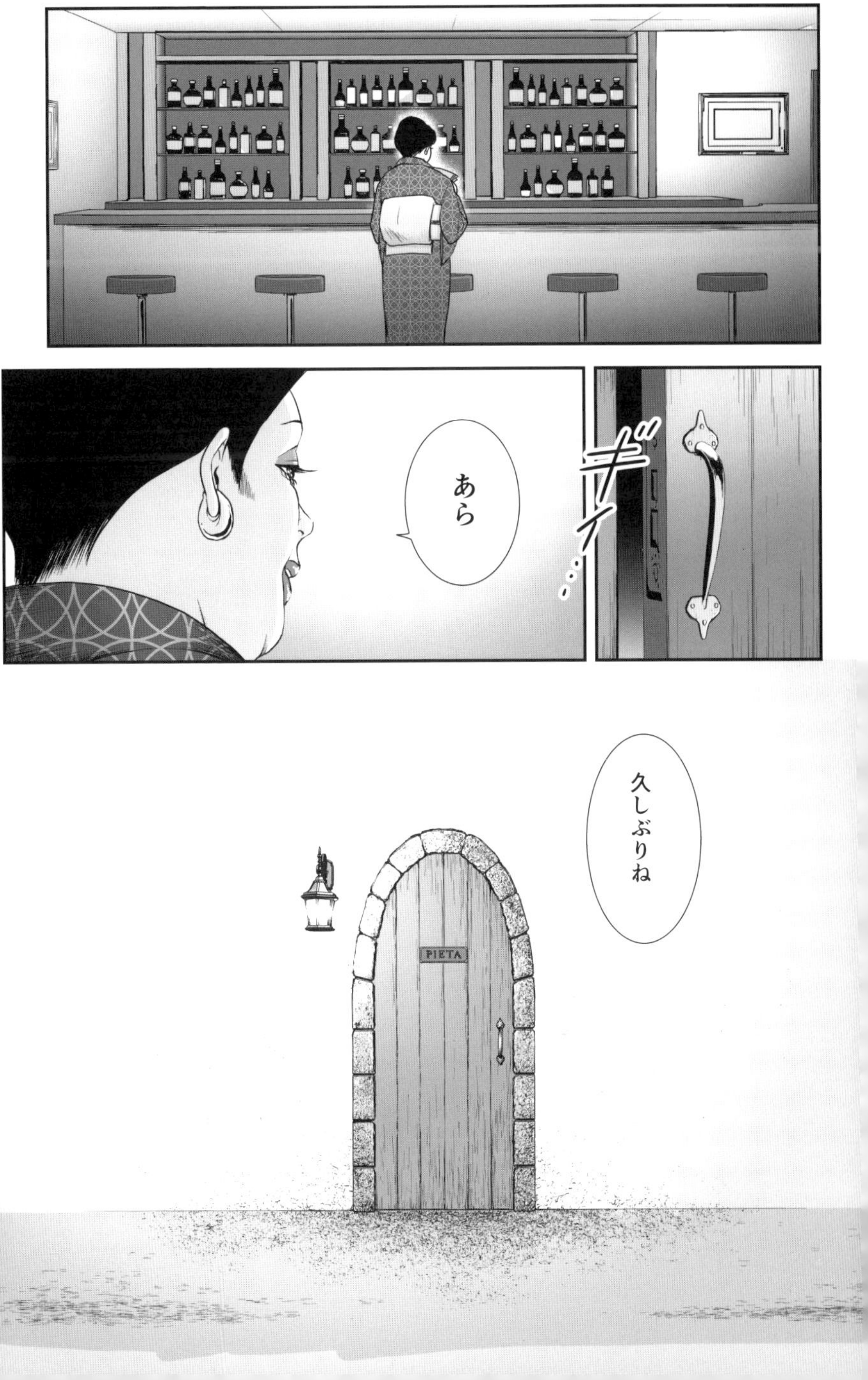
ギィ…
あら
久しぶりね
PIETA

心の3つの特徴と3つの原則

ここで、「とことん優しい人」になるための3つの原則をもう1度振り返ってみましょう。

心というのは、好きなほう、楽なほう、得なほうに流されやすいので「利《り》他《た》の原則」を意識して、相手を思う、相手を喜ばせる意識や行動を増やします。自己中心の心をなくすのではなく、薄くすることをめざしましょう。

いつも利他で優しくいられるのが理想ですが、心には波があります。**利他でいられるときもあれば自己中心になることもあります。そこで日常的に自分を振り返る「反省の原則」が重要になります。**これは改善と成長に不可欠なプロセスです。

心の3つの特徴と3つの原則の関係性

心の3つの特徴		とことん優しい人になる3原則
流されやすい	→	【利他の原則】相手を思う心を意識的に育む
波がある	→	【反省の原則】良くも悪くも常に振り返る
育てられる	→	【感謝の原則】感謝の心を育み好循環をつくる

心には自己中心、自己犠牲、利他などさまざまな働かせ方がありますが、**心は1度に1つしか働きません。働かせたほうの心が育つので「感謝の原則」を意識して感謝の意識を育《はぐく》むこと。**感謝は思いやりの行動のエネルギーになり、円満な人間関係を育みます。

良い心を使うことを
選べた！
いい感じ
感謝できたり
できなかったり
忘れる日もあるけれど…

自分が変わると相手が変わる

愛《あい》さんが知った3つの原則は彼女自身を変えるきっかけとなり、さらにその変化は周囲の人間関係にも好影響を与えていきました。

重要なのは、変わったのは愛さん自身だということ。

愛さんの周りで人間関係がうまくいき出し、愛さん自身も日々の悩みにイライラすることが減ったのは、周囲の人が態度を変えたからではありません。他の誰でもない、愛さん自身の心の働かせ方が変わったことで、**結果として周囲との関係性が良い方向へと変わり出したのです。**

最初、退職を申し出た後輩の果報《かほ》さんに対して、

本当に
ごめんなさい
梅村さんのためなんて
言いながら
私のしていたことは結局
自分のためだった

自分の正当性を主張して一方的に非難していた愛さんは、最後に自分の思い違いを果報さんに謝罪するまでに変化しました。この変化は、愛さんの成長を象徴する重要な出来事です。

愛さんがそこまで自分を変えられた転機となったのが、優しさを間違って理解していると気づいたことです。愛さんは、そのつまずきから学び、人を思いやる行動や感謝をするといった、普通は「良い」と考えられている優しさにも落とし穴があることに気づきました。良いとされる行動でも、その根底にある心の働かせ方によって結果は大きく変わるのです。

「品性」とは能力を使いこなす力

3つの原則を身につける、つまり良い心の働きと行いを積み重ねることで高まるものはなんでしょうか。それが、幸せな人生を築くために欠かせない「品性」です。

品性のある人とは、一般的には振る舞いや言動に品のある人や、マナーを心得ている人、教養のある人などと捉《とら》えられることが多いのではないでしょうか。

ここでいう**品性とは「能力を正しく使いこなす力」**のことです。極端な例え方をすれば、高い学力があってもそれを悪用すれば不正を働いたり犯罪に利用することもできるでしょう。あるいは、誰もがうらやむ富を得ても、正しく使う力がなければトラブルとなったり身を滅ぼしたりすることもあるのです。人気絶頂の有名人が、不道徳な行動によって一夜にして地位を失うことさえあります。

「徳《とく》を尊《たっと》ぶこと学《がく》知《ち》金《きん》権《けん》より大《だい》なり」という言葉があります。必死に努力して学力、知力、金力、権力などの力を手に入れれば一時は幸せになるかもしれませんが、**長く続く幸せを手に入れたいのなら、人生の軸足を「品性」に置くこと**です。

品性＝心の働き×行い×回数

「品性」と聞いて、「そんなのはゆとりがある立派な人がやるべきこと」と考え、何か特別なことを積み重ねなければ身につかない、レベルの高いものと考える方が多いかもしれません。

しかし、愛さんが良い心を働かせ小さな行いを積み重ねることで変わっていったように、品性は何か特別で難しいことではありません。誰でも良い心と行いを繰り返すことで高まっていくものです。それは、宅配便のようにある日突然あなたの元に届いて、「今日から品性が上がります」と変わるものではありませんが、**1日1日どのような心を働かせて、どのような行いを積み重ねるかで、気づいたときには大きな差につながります。**

良い行いを繰り返せば習慣にはなりますが、大切なのは良い心の働きもセットで習慣化していくことです。本心では感謝していないのに「ありがとう」を唱える、本心では絶対に相手のせいだと思いながら「申し訳ありません」と謝る。良い心の働きを伴わない表面だけの感謝や反省といった行いを繰り返しても品性は高まりません。

本やインターネットを検索すれば感謝のコツ、成功のコツといった知識を無数に知ることができます。強

品性の方程式

心の働き × 行い × 回数 = 品性

親切な心 × **親切な行動** × **継続的な実践** = **品性**

感謝の心 × **感謝の言葉** × **習慣的な実践** = **品性**

く共感できるものも多くありますが、方法や技術が詳しく書かれている反面、根底にある心の働きについて説くものは少ないようです。

その根底にある自分の心の働きはどうだったかと常に意識し、**良い心の働きと良い行いをセットで習慣とすることで、品性は高まっていきます。**

●すぐには抜けない草もある

良い心と行いを繰り返すことで品性は高まっていきますが、一時的に良い心を働かせることができた愛さんも、その状態をキープすることに難しさを感じていました。愛さんがそうであったように、多くの人は習慣化に挫折します。そこには、忘れてしまう、面倒になる、目標が高すぎる、小さな成功では満足しないなど、さまざまな原因が存在します。

また、「自分にとって居心地のいい行動や環境」から抜け出したくないという心理が働くことも原因の1つです。急に変わるなんて恥ずかしいから無理、新しいことに挑戦するのは面倒、失敗したくないからやらないなどがその例です。人は変わることに対して無意識に抵抗する性質を持っているため、自分にとって居心地のいい場所に居続けてしまうことが成長の機会を逃《のが》すことにつながります。

感謝することを真剣に考えたこともなかった愛さんも、感謝できる自分に変わろうと努力を始めました。その過程では、うまくいかなかったり、感謝できないこともありますが、「頑張れている」「今日は感謝の心づかいを意識できた」とほんの少し頑張れた自分を認めて、小さな努力と成功をコツコツと積み重ねていきましょう。

それでも習慣化の難しさを感じる場合は、「悪い習慣をやめる」工夫もおすすめです。51：49の法則のように、ついやってしまう悪い習慣を減らすことで、良い習慣を増やしていくのです。

例えば、悪い習慣をやめるために「きっかけを取り除く」のもいいでしょう。もし同僚の欠点を探してしまう自分を変えたいと思っているなら「欠点を探さない」ことはよほど意思が強くなければ難しいもの。そこで、「これをしたら・これをする」という行動の引き金とごく簡単な良い行動を設定します。「職場で席に着いたら、同僚の良いところを1つ見つける。できたら良くできた！と自分をほめる」といったようにです。

きっかけを取り除くのが難しければ、目標を小さくするのも効果があります。悪い習慣だと分かっていながらやめられないのは、やめたい気持ちとやめたくない気持ちがせめぎ合っているからです。そのようなときは、「欠点を探さない」ではなく、欠点を考える回数を減らす、時間や期間を短くする（ねちねち考えない）のもいいでしょう。減ったり短くなったりして空《あ》いた心のスペースには、相手の頑張りや長所を認める余白が生まれてくるはずです。

そうやって積み重ねても、悪い習慣というのは、抜いたと思ってもいつの間にか生えてくる雑草のようです。楽なほう、得なほうに流されやすい心は、意識して定期的に草取りをすればきれいになりますが、放っておけばボウボウに。丁寧に引っ張れば根っこから取れますが、力任《まか》せに抜こうとすれば葉っぱしか取れません。スッと取れるものもあれば、なかなか取れずに根っこが残ってしまうものもあります。

心の働きと行いにも、簡単に変えられるものと長年の癖《くせ》が染《し》みついてなかなか変えられない根深いものがあるでしょう。私たちは面倒なことほど後回しにしがちで、面倒だからと放置するほど根は深くなります。

うまくいかない、思い通りにいかないと気づいたそのときがチャンスです。1度しっかりと向き合って、根本から変えていく。ぜひチャレンジしてみてください。

●「とことん優しい人」とは？

改めて、「とことん優しい人」とはどのような人をいうのか確認しておきましょう。

「とことん優しい人」とは、「自分を省《かえり》みることを怠《おこた》らず、相手の成長や幸福を願い、そのために具体的な行動を起こせる人」です。

人は成長するにつれてさまざまな課題を突きつけられてそれを解決していかなければいけません。日々の人間関係から、結婚や就職、昇進による環境の変化、子育てやパートナーとの関係性など、他者と関わり合いながら生きていること自体が、次々と課題を抱えることなのかもしれません。思い通りにいかない折々の場面で、原因を他に求めてばかりいると、問題が解決するどころか、人間関係は荒れて自分の心も荒《すさ》んでいきます。

「とことん優しい人」は、課題や悩みに直面したとき、他人を責める前にまずは自分を省みることを忘れません。私たちは、心の奥底では自分が一番大切だと思っています。だからこそ、自分の非や間違いを認めたくないのは当然でしょう。そういう人間同士が共に生きているのですから、自分に非はない、他人が変わるべき、教えてやろうなどと考えたりする限り、お互いに反発や衝突をしてしまい、うまくいかないのは当然です。

思い通りにいかない場面で踏みとどまり、正しいと思ってとった行動の根底にある自分の心の働かせ方は正しかっただろうかと、まずは自分の心を省みることが大切なのです。

とことん優しい人はなぜ「うまくいく」のか？

大切なことなので繰り返しますが、人間の心は自己中心の心が圧倒的に多く、相手優先の心はわずかです。でも、利己心と利他心で揺れ動いたときに、利他的な心を使おうと自分で決めることもできます。心は行動の原因になるので、利他的な心が行動を変えます。

それができるようになると、他者から見たときに「あの人なら相談していいかも」「あの人と一緒にいたい」「あの人なら安心」という評価になります。そういう人は慕《した》われ、人が寄ってきます。その結果、**自分が「うまくいかせよう」とコントロールしなくても、人間関係や周囲の状況が自然と良くなっていく**のです。「うまくいく」のスタートはまずは自分が利他的であること、感謝を実践することです。

感謝の感情が、他人を助けたいという利他行動（親切や思いやり）を増やすことはすでに述べました。感謝と利他は、「返報性《へんぽうせい》」と「目撃効果」によって循環するといわれています。

感謝の返報性とは、誰かから親切にされたりすると、その感謝の気持ちを返したくなるという心理的な現象です。つまり、親切を受けたことで「自分も利他的な行動をお返ししたい」と感じ、その気持ちが行動につながるということです。困っているときに友人が手を差し伸べてくれたり、同僚が仕事を手伝ってくれたりすると、その優しさに対して「次は自分が何かしてあげよう」と思うことがありますよね。直接相手に親切にすることもあれば、相手以外に優しさを持って接することや、協力的な態度を持つことにつながっていくこともあります。そうしてあなたの周りにお互いを思いやる関係、助け合う関係が築かれていきます。

感謝の目撃効果とは、AさんがBさんに感謝を伝えると、それを目撃したCさんという第三者にも良い影響を与え、「自分も感謝しよう」という感情が湧《わ》き上がる心理的な現象です。例えば、誰かが電車の席を譲ってもらったことに感謝を伝えていた、落とし物を拾ってもらったことに感謝を伝えていたなど、名前も知らない人同士の感謝のやり取りを見かけて清々《すがすが》しい気持ちになることが、誰でも一度や二度はあると思います。

あなたが発信する感謝が、思いがけない第三者へ良い影響を与え、そしてまた次の人へと連鎖し、あなたの周りにはポジティブな雰囲気が広がり、人間関係は円満に、協力的な人が増えていく。このようにあなたが感謝を実践し、広げることでポジティブな場、人間関係を作り出すことが可能になります。そうなればあなたの周りは協力的な人が増え、雰囲気は前向きで活発になり、毎日は楽しく、結果的にうまくいくというわけです。

これまで伝えてきた「うまくいく」とは、お金や物、地位などを手に入れることとは違います。周りの人を自分の思い通りにコントロールできるようになることとも違います。また、一切の苦しみや悲しみ、悩みが消えてなくなることでもありません。

うまくやるのではなく、うまくいく。

儲《もう》けるのではなく、儲かる。問題を収めるのではなく、自然と収まる。売り上げを増やすのではなく、結果として増える。**力で「成そう」としなくても、品性を高めた**

結果としてそうなっていきます。

心づかいは目に見えませんが、私たちが選ぶ日常不断の心の働きが人生を形づくっています。思うようにうまくいかない原因は自分の内に原因があることに気づき、良い心を働かせようと変えていくことができれば、人生はおのずとうまくいくのです。

コラム 3

「三方よし」で、あなたも周りもハッピーに！

廣池千九郎は人間関係や心の成長に役立つ「自分よし、相手よし、第三者よし」の三方よしを唱えました。

〇自分よし：まずは自分自身が満たされていること。

〇相手よし：周りの人も喜んでいること。

〇第三者よし：相手以外の人や社会が良くなっていること。

廣池は、この3つを日々意識することが自分らしさを大切にしつつ周囲の幸せに貢献できる生き方につながると説きました。

「いい人」を心がけてもうまくいかない！ という人は「自分よし」「第三者よし」の視点が欠けている場合がほとんどです。

三方よしは「とことん優しい人」となるための理想的な順序も示しています。まずは自分の心が変わり、自分中心の行動が減り、周囲への配慮が自然とできるようになると、その結果、相手や周囲との人間関係が良くなり、自身のストレスも減り、物事がうまく回るようになる、という順序です。

いい人で損しない生き方とは、三方よしの生き方ともいえます。そのための原則が「利他」「反省」「感謝」の3つですね。

日々のちょっとした心がけで、あなたも周りもハッピーになれる「三方よし」を、今日から意識してみてください。

参考文献

トーマス・リコーナ著、水野修次郎・望月文明訳『「人格教育」のすべて：家庭・学校・地域社会ですすめる心の教育』麗澤大学出版会

河合隼雄『こころの処方箋』新潮社

ソニア・リュボミアスキー著、金井真弓訳、渡辺誠監修『新装版　幸せがずっと続く12の行動習慣「人はどうしたら幸せになるか」を科学的に研究してわかったこと』日本実業出版社

ロバートA．エモンズ著、中村浩史訳『「感謝」の心理学　心理学者がすすめる「感謝する自分」を育む21日間プログラム 』産業能率大学出版部

スコット・アラン著、弓場隆訳『GRATITUDE　毎日を好転させる感謝の習慣』ディスカヴァー・トゥエンティワン

樺沢紫苑・田代政貴著『感謝脳』飛鳥新社

〈読者限定〉無料特典

本書を最後まで読んでいただき、ありがとうございます。

本書は3つの原則を中心に解説するというコンセプト上、利他《りた》、反省、感謝を習慣化するためのノウハウには、十分な紙幅《しふく》を割《さ》けていません。

そのため、読み終えて「次のステップは?」「もっと詳しくノウハウを教えてほしい」と思われた方も多いはずです。

そこで、本書の読者限定の特典をご用意しました。

この特典は、自己成長をめざす人のためのフォローメールサポートやセルフワーク集など、本書をより深く理解し、行動を後押しするものばかりです。

こうしたコンテンツが助けになり、1人でも多くの方の人生が好循環すれば、これ以上うれしいことはありません。

次のページにある2次元バーコードかURLにアクセスして入手してください。

特典1

継続を後押し！　フォローメールサポート

　登録日から1か月間、本書の内容をフォローするメールを毎日お送りします。良い習慣を続けるのは大変ですが、後押しがあれば圧倒的に続けやすくなります。メールをきっかけに、毎日自分と向き合う仕組みとしてご活用ください。

特典2

効果が出る！　セルフワーク集

　やれば品性が高まる思いやりの実践方法、元気の出る反省方法など、次のステップに進むための具体的なセルフワークをプレゼントします。

特典3

視点が広がる！　成功ストーリーのシェア

　人間学研究100年の実績から、優しい人が成功と幸福を手に入れた驚きのストーリーを紹介。他の人の成功ストーリーを知ることで、「三方よし」の視点が広がります。

特典 URL　https://ecmoralogy.jp/tokoton_tokuten/

プロフィール

【監 修】

廣池 慶一（ひろいけ・よしかず）

昭和57（1982）年生まれ。モラロジー道徳教育財団理事、麗澤大学特任教授。麗澤大学卒業。アメリカのニューヨーク大学大学院で修士課程を修了後、産経新聞社に入社し、政治部で首相官邸、与野党担当、外務省キャップなどを歴任して、現職。

【作 画】

守屋 明朱香（もりや・あすか）

昭和61（1986）年生まれ。麗澤高校、アメリカのサンフランシスコ大学卒業後、ゴールドマン・サックスなどの大手金融機関に在籍。コロナ禍をきっかけにまんがを描き始め、本作がデビュー作。

まんがでわかる
とことん優しい人はうまくいく　いい人で損しない3つの原則

令和7年4月25日　初版発行

監　修　　　　廣池　慶一
作　画　　　　守屋　明朱香
編集協力（デジタル職人株式会社）
カバーデザイン　小林　清楓
イラスト彩色監修　大町　友香利
背景制作　村瀬　将史

発　行　　　　公益財団法人モラロジー道徳教育財団
〒277-8654　千葉県柏市光ヶ丘2-1-1
電話　04-7173-3155（出版部）
https://ecmoralogy.jp/
発　売　　　　学校法人廣池学園事業部
〒277-8686　千葉県柏市光ヶ丘2-1-1
電話　04-7173-3158
印　刷　　　　精文堂印刷株式会社

ISBN978-4-89639-298-2